KB156872

죽음에 대하여

PENSER LA MORT?

철학자의 돌

죽음에 대하여
철학자 장켈레비치와의 대화

블라디미르 장켈레비치 지음
변진경 옮김

2016년 11월 14일 초판 1쇄 발행
2023년 9월 25일 초판 4쇄 발행

펴낸이	한철희	주간	김수한
펴낸곳	돌베개	책임편집	김진구
등록	1979년 8월 25일 제406-2003-000018호	표지디자인	김동신
주소	(10881) 경기도 파주시 회동길 77-20 (문발동)	본문디자인	김동신·이연경
전화	(031) 955-5020	마케팅	심찬식·고운성·조원형
팩스	(031) 955-5050	제작·관리	윤국중·이수민
홈페이지	www.dolbegae.co.kr	인쇄·제본	영신사
전자우편	book@dolbegae.co.kr		
블로그	blog.naver.com/imdol79		
트위터	@Dolbegae79		

ISBN   978-89-7199-752-9   04100
        978-89-7199-636-2   세트

이 도서의 국립중앙도서관 출판시도서목록(CIP)은 서지정보유통지원시스템
(http://seoji.nl.go.kr)과 국가자료공동목록시스템(http://www.nl.go.kr/kolisent)에서
이용하실 수 있습니다.(CIP제어번호: CIP2016024720)

책에 수록된 저자 사진 중 저작권 허가를 받지 못한 것에 대해서는 저작권자가 확인되는 대로
허가 절차를 밟도록 하겠습니다.

책값은 뒤표지에 있습니다.

철학자의 돌

죽음에 대하여

철학자 장켈레비치와의 대화

블라디미르 장켈레비치 대담
변진경 옮김
이경신 해제

PENSER LA MORT?

돌베개

일러두기

1. 이 책은 블라디미르 장켈레비치Vladimir Jankélévitch의『Penser la mort?』(1994, 2003)를 완역한 것이다.
2. 책 말미에 실린「삶과 죽음의 비밀을 붙잡기 위해」는 원서에는 없고 한국어판에만 있는 것임을 밝혀둔다.
3. 책의 내용을 더 효과적이고 적확하게 전달하기 위해 원문의 장 제목 일부를 수정·변경하였다.
4. 독서의 편의를 위해 원문의 문단 구분을 그대로 따르지 않고, 문맥의 의미에 따라 더 많이 문단을 구분하려고 했다.
5. 원주는 숫자로 표시하고, 옮긴이 주는 •로 표시하여 해당 페이지 하단에 실었다.

죽음, 삶의 의미를 부여하지만 그 의미를 부정하는

생각할 수 없는 것, 죽음을 생각하는 것이 가능할까?

블라디미르 장켈레비치는 1966년에 출간된 『죽음』La mort이라는 책을 통해 이 물음에 답하고자 했다. 한 대담에서 그는 이렇게 말했다. "저는 결코 죽음에 대해 생각하지 않습니다. 혹시 당신이 죽음에 대해 생각해보려 한다면, 제가 그랬듯이 죽음에 대한 책을 써서 (……) 죽음을 문제화하기 바랍니다 (……) 죽음은 대표적인 문제이자, 어떤 의미에서는 유일한 문제입니다!"[1] 책의 출간을 계기로 이루어진 몇 차례의 대담은 그가 자신의 물음을 촉발했던 근원적인 동기들에 관해 상세히 설명할 수 있는 기회였다.

나는 최근에 장켈레비치 전집을 기획하면서 서지 작업을 하던 중에 잘 알려지지 않은 데다 구하기도 어려우며, 특히 그중 하나는 발표된 적도 없는 이 대담들을 다시 읽어보

---

1. 프랑스 퀼튀르France-Culture 방송, 대담: 1985년 6월 8일, INA 자료; 기 수아레Guy Suarès, 『블라디미르 장켈레비치, 나는 누구인가?』Vladimir Jankélévitch, Qui suis-je?, 리옹: 라 마뉘팍튀르, 1986에 재수록.

게 되었다. 장켈레비치의 개인적인 생각과 윤리적 선택을 구어의 리듬에 실어 명확히 보여주는 증언이므로, 이들을 한데 모아 펴내는 일은 흥미로울 것이라고 생각했다.

이 책에 수록된 네 개의 대담은 죽음이라는 문제의 다양한 양상을 각기 다른 관점에서 다루고 있다.

첫 번째 대담에서 장켈레비치는 죽음의 순간이라는 돌이킬 수 없는irrévocable 순간의 윤곽을 그려 보이기 위해 가장 기본적인 경험이라 할 수 있는 가까운 사람의 죽음, 일반적인 타인의 죽음 그리고 각자 자신의 죽음에 대해 느끼는 형이상학적인 불안을 이야기한다. 그는 다음과 같이 말한다. "우리는 교묘하게도 길을 가는 행인들에게 죽음을 떠넘기는 것 같습니다. 이렇게 죽음을 끝없이 미루고 지연시키면서, 죽음을 타인에게 전가하는 것은 우리의 본질적인 기만입니다." 이 생각은 자크 마돌Jacques Madaule의 말을 통해 설명된다. "나는 죽는다는 것을 알고 있지만 믿지는 않는다."[2] 그리고 장켈레비치는 늙음, 사형수의 마지막 순간이라는 비통한 시간, '(삶에) 의미를 부여하면서 동시에 그 의미를 부정하는 (죽음의) 비의미non-sens' 그리고 세상에 잠시 머무는 것의 불가사의한 신비에 대한 생각들을 밝힌다.

두 번째 대담에서는 원시 사회와 근대 사회에서의 종교

2. 대담 〈돌이킬 수 없는 것〉L'irrévocable, 프랑스 퀼튀르 방송 참조.

적 감정의 역할 그리고 무신자의 죽음에 대한 태도를 설명하면서 삶의 의미라는 문제를 보편적 관점에서 재검토한다. 그는 죽음을 예외적으로 대하지 않으면서, 마치 "날개가 타는 것도 무릅쓰면서 촛불에 달려드는 나방처럼"[3] 죽음에 최대한 가까이 접근해가는 흥미진진한 사유의 곡예를 선보이는데, 그를 특히 매료시키는 것은 극단적인 것, 한계 사례, 첨예한 순간 등 "'생각할 수 없는 것'에 대해 생각할 수 있는 모든 것을 생각하는" 주제들이다. '거의'에 주목하는 철학자, '거의 아무것도 아닌 것'presque-rien의 철학자답다고 할 수 있지 않을까? 그다음으로는 위안, 내세의 삶을 어떻게 볼 것인지의 문제가 제기된다. 그가 재치 있게 '존재의 최대 실언'이라고 부르는 것, 즉 '말실수하는 사람이나 말썽꾸러기 또는 죽음이 일으키는 소동이 멀쩡해 보이던 세계에 거대한 혼란을 불러일으키는' 바로 그 순간에 대한 우리의 불안스러운 질문에 답하고자 한다.[4] 더 이상 가면도, 변장도, 왜곡도 없는 최대한의 단순화가 인간의 온갖 허영을 없애고 나면, 인간은 마음의 진정과 위안을 추구하게 된다. "마르쿠스 아우렐리우스는 말한다. 다 익은 올리브 열매는 땅에 떨어지면서 열매를 산출한 땅을 축복하고, 자신을 자라게 해준 나무에

---

3. 블라디미르 장켈레비치, 『죽음』La mort, 파리: 플라마리옹, 1966.
4. 블라디미르 장켈레비치, 『말할 수 없는 것과 거의 아무것도 아닌 것 2권: 오해』Le Je-ne-sais-quoi et le presque-rien t.2: Le malentendu, 파리: 르쇠이유, 232쪽.

감사를 표한다. 그런데 왜 우리는 그 올리브 열매의 감사에 잘 납득하지 못하는 걸까? 왜 이 모든 위로가 그다지 위안을 주지 못하는 걸까!"[5]

세 번째 대담이 다루는 안락사 문제는 새롭고 대담하며 독단적이지 않으면서도 단호한 견해를 불러일으킨다. 오늘날 과학의 최신 정보(유전자 조작, 유전 정보 규정, 장기 이식 등)에 비추어 안락사 문제에 대한 철학적, 도덕적 접근 방식의 새로운 설정을 헤아리는 것은 적절한 일일 것이다. 그래서 장켈레비치가 자주 강조하듯이 "불안한 것은 일단 현실에 이미 정해진 질서가 아니라 이 질서가 완전히 다른 것이라는 사실이다."

끝으로 마지막 대담은 시대, 사회, 역사에 따라 죽음이라는 스캔들의 쇠퇴를 다룬다. 중세시대의 친숙했던 죽음의 보편화는 오늘날 형이상학적인 불안으로 대체되었고, 더 큰 심각성을 띠게 되었다. "인간은 근본적인 두려움 때문에 자신의 근본적인 운명으로 돌아오게 된다."[6] 장켈레비치는 죽음에 직면한 인간의 행동, 즉 종교적 행위, 광신, 언어적·신체적 폭력 등에 관해 심오한 이야기를 제공하는데 그 통찰력의 현실성은 오늘날에도 의심의 여지가 없다. "죽음이라는 부정이 우리의 긴 이야기를 멈추게 하고 우리의 언어를

---

5. 『죽음』, 355쪽.
6. 「철학자들과 불안」, 『종합지』Revue de synthèse 66호, 파리, 1949, 85쪽.

경악으로 얼어붙게"[7] 하더라도 말이다.

　이와 같이 이 대담들은 그가 "아무 곳도 아닌 곳으로 향하는 아무것도 아닌 것의 움직임"이라고 명명한 죽음과 관련된 우리의 두려움, 근심, 불안에 대한 답이다. 이 대담들에는 "죽음을 무로 환원하지 않으려는" 의지, "'존재했음'과 '살았음'의 신비로 통하는 문을 열어두려는" 그의 의지가 존중되고 있다. 이 책 『죽음에 대하여』의 주제는 장켈레비치가 거주했던 케 오 플뢰르quai aux Fleurs 건물의 벽에 걸려 있는 추모 현판의 문구가 잘 설명해준다. "존재했던 사람은 이제 결코 존재하지 않았던 것이 될 수 없다. 이 세상을 살았다는 신비롭고도 극도로 난해한 사실은 이제 영원히 그의 지주가 되었다."[8] 사후 명성의 미미함이 그가 남긴 말의 흔적까지 지우지는 못한다.

— 프랑수아즈 슈왑Françoise Schwab

7. 『죽음』, 80쪽.
8. 블라디미르 장켈레비치, 『되돌릴 수 없는 것과 향수』L'irréversible et la nostalgie, 파리: 플라마리옹, 1983, 275쪽.

저는 한 운명이 끝이 나고 단회면

그 어둠 속에는 의미가 비어 있는 일종의 메시지가 있을 거라고 생각합니다.

차례

돌이킬 수 없는 것

Daniel Diné
다니엘 디네와의 대담

소련 대사관 앞에서 안드레이 사하로프 지지 시위에 참여한 장켈레비치.
1981년 12월 7일. 파트릭 자크만 사진.

죽음에 대하여 철학한다는 것이 가능할까요?

제 동료들 다수는 죽음은 철학적 문제가 아니라고 말할 겁니다. 스피노자Baruch de Spinoza(1632~1677)는 죽음에 대한 생각이 불건전하고 다소 퇴폐적이라고 지적하면서, 지혜란 죽음에 대한 성찰이 아니라 삶에 대한 성찰이라고 말했습니다.* 마르크스주의자인 제 친구들 여럿은 제가 죽음에 대한 책을 쓰고 싶다고 했더니 그러더군요. "인류가 달에도 가고, 흥미진진한 게 이토록 많은 1966년에 다른 소재는 찾지 못했나 보군."** 하지만 한 친구는 이렇게 말했지요. "그래, 모두 누군가를 떠나보낸 경험이 있지……." 철학은 그런 겁니다. 유용성과는 그다지 관련이 없는 일을 하는 거지요.

죽음을 사회적 현상이라 보아야 할까요?

인구통계학적이고 의학적인 현상으로서의 죽음은 세상에서 가장 흔한 일입니다. 한편 자식이나 아내, 부모

---

* 스피노자, 『에티카』Ethica.
** 1966년 소련의 무인탐사선 루나 9호가 달 표면에 착륙한 것을 가리키는 듯하다.

를 잃은 사람들에게 죽음은 그 자체로 유일하고 비교 불가능한 개인적인 비극이지요. 삶의 의욕을 잃게 하는 개인적 불행의 유일무이함과 죽음이라는 사건의 범상함 사이에서 대조가 일어납니다. 의사에게 죽음은 아주 짧은 시간에 흔한 일이 되어버립니다. 죽은 사람은 금세 다른 환자로 대체되고, 삶은 죽음의 공백을 바로 메웁니다. 모든 사람이 대체될 수 있습니다. 누군가 사라지면 다른 사람이 자리를 차지하지요. 이것이 바로 3인칭 죽음, 즉 혈전증으로 갑자기 쓰러지는 행인의 경우처럼 그 누군가의 죽음입니다. 아무런 신비도 없는 죽음이지요. 어쨌든 인구 수는 감소하지 않고, 오히려 인류는 번성하고 증식하고 있습니다. 점점 더 많은 인간이 생겨나고 있지요. 개개인의 비극은 인간이라는 종에 전혀 해를 끼치지 않습니다. 2000년에는 훨씬 더 많은 사람들이 존재하게 될 겁니다. 아우슈비츠 사건에도 불구하고 인류는 번영하고 있습니다.

반면에 1인칭 죽음은 나의 죽음입니다. 그것은 나의 죽음이므로 나는 아무 말도 할 수 없습니다. 여기에 어떤 비밀이라도 있다면 나는 그 비밀을 무덤까지 갖고 가겠지요.

마지막으로 2인칭 죽음은 가까운 사람의 죽음으로서 1인칭 죽음과 3인칭 죽음 양쪽에 접해 있다는 점에서 특별한 철학적 경험입니다. 2인칭 죽음은 사회적 현상으로서의 비개인적이고 익명적인 죽음도 아니고, 나의 죽음도 아니면서 나의 죽음과 가장 유사한 죽음입니다. 죽는 것은 나 아닌 다른 사람이므로 나는 계속 살아가게 됩니다. 나는 그가 죽어가는 것을 볼 수 있고, 그의 죽은 모습을 보게 됩니다. 나 아닌 다른 사람의 죽음이지만 바로 그 사실이 내가 그 죽음과 더 가까운 관계를 맺게 합니다. 그 죽음 이상으로 죽음에 더 가까워지는 것은 바로 나 자신의 죽음일 겁니다. 죽음에 관한 철학은 우리 곁의 가까운 사람으로 인해 이루어집니다. 그것은 누구도 추구하지 않는 경험이지만 결국 모두가 언젠가는 마지못해 경험하게 되는 일입니다. 이 죽음에는 또 다른 중요성이 있는데, 부모가 세상을 떠나면 생물학적인 최후의 방벽도 사라지게 되는 것입니다. 다음은 당신의 차례라는 것이지요. 그다지 기분 좋은 생각은 아니겠지요.

죽음의 부정성과 출생의 긍정성이 비교 대상이 될 수 있을까요?

그 둘을 비교하게 되는 것은 인간의 삶을 두 극단을 잇는 일종의 주요 도로로 간주하기 때문입니다. 한 극은 왼쪽에, 다른 한 극은 오른쪽에 위치해 있다는 거지요. 그것은 일종의 대칭의 신화, 공간의 신화입니다.

벽난로 장식 선반의 추시계 좌우에 촛대를 배치하는 것과 마찬가지입니다. 하지만 삶은 시간입니다. 시간은 공간 속에 펼쳐놓을 수 없지요. 우선 시간은 차례대로 겪게 됩니다. 죽음이 발생한 순간에 출생은 이미 한참 전에 일어난 일이고, 출생이 이루어지는 순간에 죽음은 아직 존재하지 않는 먼 미래가 됩니다. 따라서 이 둘은 대칭적이지 않습니다. 대칭은 공간적인 것이지, 시간적인 것이 아닙니다. 죽음과 출생은 비교될 수 없습니다. 먼저 이 사실을 확인해두어야 이야기해나갈 수 있습니다. 인간의 삶은 출생으로 시작해 죽음으로 끝나지만, 출생과 죽음에는 어떤 공통점도 없습니다. 이 둘은 결코 동시적 경험 속에서 일어나지 않지요.

비교 불가능한 출생과 죽음을 굳이 비교한다고 해도, 이는 단지 그 둘이 완전히 다르다는 점을 말하기 위해서입니다. 출생은 무無에 뒤따르는 사건인 반면, 죽음은 무에 앞서 있는 사건이기 때문이지요. 출생으로 비롯되는 시작에서 무는 그 이전의 상태이고, 미래가 존재에 대한 장기적인 약속을 나타낸다는 사실, 그리고 이와는 반대로 죽음은 오래된 과거가 그 이전

1인칭 죽음은 나의 죽음입니다. 그것은 나의 죽음이므로 나는 아무 말도 할 수 없습니다.

에 있고, 무가 그 이후에 오게 된다는 사실은 이들이 전적으로 다른 상태라는 것을 의미합니다. 바로 이러한 이유로 우리는 결코 죽음과 출생을 비교할 수 없습니다. 그 두 가지를 비교하는 것은 죽음은 완전히 차원이 다른 문제라는 점을 이해시키기 위한 경우뿐입니다. 죽음은 출생의 반대가 아니며, 출생도 죽음의 반대가 아닙니다. 마찬가지로 과거는 미래의 반대가 아니며, 미래도 과거의 반대가 아닙니다. 과거와 미래는 현재의 이쪽과 저쪽이 아닙니다. 나는 연속적인 현재를 사는 겁니다. 대칭의 신화에 빠지지 않도록 주의하세요! 어쨌든 이런 이야기를 통해 그 함정을 보여주는 일은 유용할 수도 있겠지요.

죽음은 생각할 수 없을 뿐만 아니라 살아볼 수 없는 것이지요. 죽음은 삶을 무화시켜버립니다. 하지만 삶이라는 활시위는 죽음에 의해 한껏 당겨져 있습니다. 왜 그럴까요?

그에 대한 대답은 복잡한데, 요즘 표현으로 하면 변증법적인 대답이 될 듯합니다. 그것은 안티테제의 변증법적 기능을 말하는 거지요. 베르그송Henri Bergson (1859~1941)은 흥미롭고도 매우 의미심장한 이야기를 들려줍니다.* 눈이 없이는 볼 수 없으므로 눈은 분명히 시각 기관이지만, 다른 관점에서 보면 눈이 시각에 장애가 된다고 말입니다. 눈이 없으면 훨씬 더 잘 볼 수 있으리라는 것이 아니라 다만 눈이라는 것 자체가 시각을 제한한다는 말입니다. 두 눈을 가졌다는 것은 본다는 것을 뜻하지만 동시에 단지 제한적으로만 본다는 뜻이기도 합니다. 시각은 그것이 미치는 일정한 거리, 한정적인 시야를 갖는데 그 시계視界 너머로 볼 수 없는 것들이 존재합니다. 따라서 눈은 보는 수단일 뿐만 아니라 장애물이기도 한 것이지요. 이는 다른 어떤 경우든 타당한 얘기입니다. 나는 육체를 통해 여기에 현존하고, 표현하고, 존재하고, 살아가지만, 그와 동시에 육체로 인해 나는 다른 곳에 존재하지 못하고, 각종 질병과 온갖 육체적 문제에 좌우됩니다. 한편 나는 언어를 통해 생각을 표현하는 동시에 스스로 모순을 드러내게 됩니다. 나의 생각은 항상 내가 사용하는 단어들에 미치지 않거나 넘어서고, 또 거리를 둔 채 물러서 있기 마련입니다. 어떤 관점에서 보면 언어는 표현에 장애가 된다고 할 수 있지만, 자기표현에 장애가 있다는 점 때문에 인간의 표현이 가능한 것입니다. 우리는 인간이기에 표현의 장애가 곧 표현의 수단이

* 앙리 베르그송, 『창조적 진화』L'évolution créatrice.

됩니다.

　죽음의 경우도 이와 마찬가지지요. 죽음은 우리
의 생존을 방해하고 삶을 제한하다가 마침내 어느 날
에는 삶을 끊어버리지만, 죽음이 없다면 인간이 될 수
조차 없으며, 잠재적 상태의 죽음이 위대한 인물들을
만들어내고 그들에게 열정과 열의, 활력을 불어넣어
준다는 사실을 우리는 잘 알고 있습니다. 그러므로 죽
지 않는 존재는 살아 있는 존재도 아니라고 할 수 있
습니다. 저는 수십 년 뒤에는 죽게 될 지금의 처지에
만족합니다. 여하튼 그 시간은 제가 살아낸 시간이 될
테니까요.

매순간 우리는 죽음에 가까워지고 늙어갑니다. 늙는
다는 것은 무엇일까요?

늙음은 두 가지를 내포하는데, 이 둘의 연관성이 절
대적이지는 않습니다. 먼저 생성의 불가역성은 존재
의 근본적인 비애로서 회한과 가장 아름다운 노래와
가장 감동적이고 비통한 시의 원천입니다. 그러나 그
것만으로는 충분치 않습니다. 생성은 되돌아가지 않
고 항상 같은 방향으로 감으로써 돌이킬 수 없는 것
이 되지만, 그와 동시에 끊임없이 자기를 갱신할 수

있기 때문입니다. 그러므로 다른 한 가지가 더 필요한데, 그것은 생성의 질적 쇠약입니다. 이는 각각의 존재가 대체로 한 종의 평균적인 수명에 해당하는 일정한 생의 리듬을 갖게 합니다. 인간은 평균적으로 75년에서 80년까지 지속되는 생의 활력을 갖고 있습니다. 개나 고양이는 인간과는 완전히 다른 생의 리듬을 가지고 있겠지요. 만일 우리가 한 해가 훨씬 더 짧거나 긴 다른 행성에서 산다면, 우리의 리듬, 일, 밤잠, 일과, 생체 리듬이 완전히 달라질 겁니다. 우리가 아는 인간의 삶 그리고 인간의 삶을 구성하는 모든 요소는 일정한 평균수명에 맞추어집니다. 내가 하루를 보내는 방식이나 지금 우리의 대화도 그 리듬에 맞추어지죠. 물론 인간은 건강상태에 따라 다른 속도로 늙어가고, 또한 노화의 규칙적인 진행을 거슬러 더 젊어지는 순간들도 있습니다. 인간의 생성에는 자연적이고 질적인 엔트로피가 존재하는 것이지요.

에드가 모랭Edgar Morin (1921~)이 말했듯이 인류의 과제는 수명을 점점 더 늘려가는 데 있습니다.[1] 게다가 실제로도 수명은 현저하게 증가했지요. 평균수명의 연장이 우리의 감정, 생활양식, 여성에 대한 태도

---

1. 에드가 모랭, 『인간과 죽음』L'homme et la mort dans l'histoire, Corréa(『인간과 죽음』, 김명숙 옮김, 동문선, 2000─옮긴이).

를 이미 바꿔놓은 점에 주목해보세요. 발자크Honoré de Balzac(1799~1850)의 시대에 서른 살 된 여자는 이미 늙은 여자로 여겨졌다는 점은 잘 알려져 있지요. 하지만 오늘날에는 아주 매력적인 젊은 여성으로 여겨집니다. 리듬이 다른 것이지요. 이 리듬은 계속 길어지고 있습니다. 그럼에도 불구하고 어느 시대든지 삶은 결국에는 끝나게 됩니다. 삶은 결코 영원하지 않으며, 삶이 영원할 수 없다는 것은 삶의 선험적 조건이니까요. 각각의 세대마다 당대의 관습, 의학의 역량, 평균수명에는 인간 실존의 고유한 리듬이 있는데, 그것은 피할 수 없는, 일종의 형이상학적 노화에서 비롯하는 것입니다.

나는 점점 더 많은 기억과 내 뒤로 점점 더 길어지는 생의 이력을 가질 수밖에 없습니다. 그렇게 증대하는 기억의 양 그리고 생각하고 의식하는 존재인 인간으로서 의식을 중단할 수 없다는 사실에서 기인하는 피로가 있는데, 이는 육체의 피로와는 별도로 건강한 상태에서도 생겨나는 일종의 생의 피로라 할 수 있습니다. 인간은 어쩔 수 없이 자기 자신의 생성을 조망해보고, 언젠가는 자신이 이미 살아낸 삶과 살아야 할 여생을 살펴보며 일정한 기준에 맞추어 설정된 실존의 경로를 재평가할 수밖에 없습니다. 그렇게 문득

깨닫는 거지요. "어디 보자, 나는 아무 해에 태어났지. 그럼 정년퇴직까지 아직 15년이 남았군." 햇수를 세기 시작하지요. 이것은 인간이 단지 존재하는 것으로 그치지 않고 자신의 존재를 의식하는 존재이기 때문에 보이는 모습입니다. 의식하는 존재인 한, 인간이 자신의 생성을 조망하는 행위는 불가피한 것입니다.

　생성 속에 있으면서 생성을 조망하는 충돌적 상황에서 죽음의 불안이 생겨나게 됩니다. 생성 속에서 그것을 살아가는 사람에게는 생성이 영원하다 여겨질 수도 있겠지요. 하지만 생성의 외부에서 그것을 바라볼 때, 어쩔 수 없이 생성에 관심을 기울일 때, 특히 오늘날 누구나 그러듯이 어리석게도 자신의 회고록을 써가기 시작할 때……. 생성은 더 이상 영원한 것으로 보이지 않게 됩니다. 죽음의 불안은 이 두 개의 생성이 충돌하면서 생겨납니다. 회고록을 쓴다는 것은 이미 그 불안에 사로잡힌 것이지요.

인간은 자신이 필시 죽는다는 것을 알면서도 믿지는 않습니다. 죽음을 연기할 수 있을까요?

언젠가 죽는다는 것은 피할 수 없는 일입니다. 인간은 죽음을 맞이하도록 운명지어진 존재이며, 그것은 불가피한 일이지요. 그렇다고 해서 어느 날에 죽는다는 것이 필연적이지도 않습니다. 논리적으로 생각해보면 그건 결코 필연이 아닙니다. 그러나 언제까지나 죽지 않는다는 것은 부조리가 되겠지요. 이 둘을 어떻게 양립시킬 수 있을까요? 결코 죽지 않는다는 것은 불가능하지만, 화요일이 아닌 월요일에, 내일이 아닌 오늘 죽는다는 것이 필연은 아닙니다. 언제가 됐든 죽음은 연기될 가능성이 있습니다. 이것은 부조리하지 않으며, 의학에 거는 기대라는 말도 바로 이 연기의 가능성을 뜻할 겁니다. 살아 있는 사람의 수명은 연장될 수 있습니다. 그것이 의사가 잘 아는 일이고, 사람을 살리는 일이 그의 본분입니다.

　　이 기본적이고 형이상학적인 기대는 죽음의 영구적인 연기 가능성을 나타낼 뿐입니다. 사실상 이는 불가능한 일이지만, 하루하루의 연속 가운데서는 가능하기도 합니다. 혼수상태에 빠진 환자는 무기한은 아니더라도 적어도 매우 오랫동안 생명이 유지됩니다. 그가 정말로 살아 있는지조차 알 수 없지만, 여전히 심장은 뛰고 숨을 쉽니다. 만일 그의 죽음을 의학적으로 내일로 연기할 수 있다면, 그가 하루를 더 사는 것이 가능할 겁니다. 하지만 그런 식의 연기는 결국에는 부조리한 일이 되고 맙니다. 여기서 이 '결국'이라는 말의 의미가 문제를 제기하고 우리를 불편하게 합니다. 그것은 연속과 불연속의 형이상학적 문제입니다.

과연 어느 순간에 죽는 것이 필연적인 걸까요? 사실 어느 순간에든 죽는 것이 필연적이지는 않지만 언젠가는 반드시 죽기 마련입니다. 과학적 진보주의자인 의사는 막연한 기대를 갖고 눈부신 성과를 올리기도 하지만, 그것이 언제까지나 지속되지는 않습니다. 어떠한 질병이든 치료 가능하고 어떠한 삶이든 연장할 수 있다 해도, 다른 질병과는 전혀 다른 병, 모든 병 중의 병인 죽음은 예외입니다. 죽음이라는 병은 병자와 가난한 자의 병일 뿐만 아니라 건강한 사람도 피할 수 없는 병입니다. 우선 이 병은 유한성입니다. 하지만 '어떠함'이라는 사실quod과 그 사실성quoddité 안에 있는 내용을 구별해야 합니다. 인간은 내용, 일시, 수단, 방법을 자유자재로 다루며 죽음의 날을 미루고 고통을 줄이려 합니다. 인간으로서 그가 어찌할 도리가 없는 단 한 가지가 그를 인간으로 규정짓는 것이기도 한데, 그것은 바로 죽어야만 한다는 사실입니다.

하지만 참 다행이지요! 바로 언제인가라는 문제, 가장 흥미진진한 그 문제는 우리의 재량에 달려 있으니까요. 이와 관련해서는 앞으로 개입할 여지가 많이 있습니다! 지금 평균수명은 75세인데, 2000년에는 80

세, 85세가 될 겁니다. 화성 탐사와 마찬가지로 평균수
명 100세 달성이 인류의 먼 목표입니다. 그렇지만 이
런 목표가 무한히 늘어날 수는 없습니다. 불멸은 100
년이나 150년 또는 그 이상을 사는 것이 아니라 언젠
가 죽어야 한다는 운명을 벗어나는 것입니다. 이는 상
상할 수 없는 터무니없는 이야기지요.

위험성이라는 개념의 근간에는 이 죽음에 대한 불확
실성이 있지 않을까요?

물론이지요. 모험, 위험성, 위험 등은 바로 죽음의 가
능성 때문에 그 개념들이 될 수 있는 것입니다. 단지
죽음을 직접 드러내기 꺼려지므로 "위험해!"라고 말
하는 것이지요. 그렇지만 사실 무엇에 대한 위험성이
겠습니까? 어떤 사고事故가 위험하다는 것이라면 그
것이 죽음을 야기할 수 있기 때문입니다. 위험성을 본
래의 이름으로 부르자면, 그것은 곧 죽음입니다. 인간
은 근본적으로 취약하고, 그 신체 조직의 모든 틈새를
통해 죽음이 들어올 수 있다는 사실, 이것이 바로 위
험성이지요. 반면 그 위험에 대한 인간의 대비책은 항
상 불확실한 것에 불과하지요.

죽음의 절망에 빠진 상태에서 가장 중요한 건 생존의
희망일까요?

그렇지요. 대표적인 희망은 종교적 희망입니다. 현재
이후에 미래가 있을 거라는 희망, 내일이 존재할 거라
는 희망이지요. 그에 반해서 절망은 미래의 부재입니
다. 죽음이 미래의 부재, 모든 미래의 파괴, 어떤 종류
의 장래든 아무리 희박한 가능성을 가진 것이든 장래
일체의 파괴인 이상, 죽음은 절망적인 것입니다. 따라
서 우리가 찾으려 애쓰는 위안이란 미래의 연장이라
는 것은 확실하겠지요. 하지만 생존이라는 단어는 적
절하지 않습니다. 이 단어는 내세, 계속되는 삶, 현재
의 삶에 이어지는 이후의 삶에 대한 관념을 암시하므
로 우리는 현세의 삶과는 무관한 전혀 다른 차원의 것
을 논의해야만 하기 때문이지요…….
　　미래의 연장이야말로 시간 속에서 우리가 숨쉴
수 있게 해주는 산소와 같습니다. 그러나 수명이 줄어
듦에 따라 이 미래의 가능성도 줄어들고, 계획을 세우
는 일은 점점 더 어려워지지요. 노인은 "내년에요"라
거나 "그건 내년 여름이 될 거예요"라는 말을 들을 때
면 분명 가슴이 아플 겁니다. 그에게 내년 여름이 존
재할까요? 종교가 복음이라고 부르며 약속하는 영광

그래서 나는 죽음을 타인들에게 떠넘기는 것이지요. "먼저 하시지요."

스러운 미래는 그 모든 것을 끝내게 해줄 미래, 최상
의 미래겠지요.

죽음은 보편적으로 일어나는 사건이지만, 제게는 하
나의 가능성에 불과하다고 여겨질 뿐입니다. 이런 태
도는 자기기만을 부추기는 게 아닐까요?

그렇습니다. 나는 끊임없이 자신을 속이려 합니다. 그
런데 바로 그로 인해서 죽음의 무게를 견디어내고 죽
음을 생각해볼 수 있게 되는 것이지요. 우리는 죽음이
라는 문제를 깊이 파고들지 않습니다. 거기에는 문제
를 막연하게 만들어버리는 일종의 방어기제가 작동하
는데, 죽음을 다른 사람의 문제로 국한하려는 경향이
그것입니다. 저의 경우에도 『죽음』La mort이라는 책을
쓰면서 마치 저 자신은 죽음이라는 문제와 무관하다
는 듯이, 그 문제의 외부에 자리를 잡고 있었습니다.
저 높은 곳에서 내려다보며 죽음에 대한 책을 쓴 거지
요. 죽음은 타인들에게만 해당되는 문제이고, 저는 그
저 그들의 죽음을 주제로 철학을 하고……. 누구나 죽
지만 당신과 저는 예외인 겁니다. 당신은 저에게 죽음
에 대해 질문을 하고, 저는 잘난 체하며 죽음을 논하
지요. 우리는 교묘하게도 길을 가는 행인들에게 죽음

을 떠넘기는 것 같습니다. 이렇게 죽음을 끝없이 미루고 지연시키면서, 죽음을 타인에게 전가하는 것은 우리의 본질적인 기만입니다.

그것은 실존의 필연성에 의해 정당화되는 것입니다. 실존은 이와 같은 기만을 항상 필요로 합니다. 자크 마돌 Jacques Madaule (1898~1993)은 "나는 내가 죽는다는 것을 알지만 믿지는 않는다"라고 했지요.[2] 나는 죽는다는 사실을 알고는 있지만 마음속 깊이 수긍하지는 않습니다. 내가 그 사실을 전적으로 수긍한다면, 나는 분명히 더 이상 살 수 없을 겁니다. 그래서 나는 죽음을 타인들에게 떠넘기는 것이지요. "먼저 하시지요."

자신이 죽을 날짜를 미리 알고 있는 사람도 있습니다. 사형수의 경우가 그렇지요.

그렇습니다. 매우 끔찍한 경험이겠지요. 죽음의 시간이 불확실하지 않고 확실한 삶을 산다는 것이 어떤 경험일지 보통사람은 상상조차 하기 어려울 겁니다. 죽는다는 사실은 누구에게나 확실하지만, 죽는 날은 누구도 알지 못합니다. 만일 그 두 가지가 모두 확실히

2. 자크 마돌, 『죽음에 대한 고찰』 Considérations de la mort, 파리: 코레아.

정해져 있다면, 견뎌내기 힘든 삶일 겁니다. 인간은
자신이 죽는 날을 알 수 없게 되어 있고, 그에게는 항
상 가능성의 문이 반쯤 열려 있게 됩니다. 삶은 죽음
에 의해 막혀 있지만 항상 희망이 빈틈을 조금 열어주
므로 죽는다는 것이 결코 필연이 될 수 없는 겁니다.
그런데 사형수에게는 바로 이 희망이 허락되지 않습
니다. 순리를 거스르는 비인간적인 일이지요. 끔찍한
시간이겠지요. 죽음까지 남은 시간 3시간, 2시간, 1시
간… 30분… 29분….

삶은 죽음에 의해 감염되어 있고 죽음이 삶을 물리친
다면, 인간의 미래에 무슨 의미가 있을까요?

그것이 인간 실존의 비애입니다. 실존의 문제들은 삶
안에서, 삶과의 관계 속에서 합목적성finalité을 갖습니
다. 그것을 삶에 내재하는 합목적성이라 부를 수 있겠
지요. 나의 일과나 내가 구상하는 계획들에는 의미가
있습니다. 그러나 그런 개개의 것의 총체는 의미가 없
습니다. 나의 삶은 다른 사람들에게 의미가 있을 수도
있겠지만, 나의 삶 전체는 나 자신에게 의미가 없습니
다. 그러니 너무 깊이 사색에 빠지거나 인간 실존의
일반적 의미나 나의 실존이 나 자신에게 갖는 의미에

대해 너무 깊이 생각하지 말아야 합니다. 더는 그 의미를 찾을 수 없을 테니까요.

아니면 실존에 의미를 되찾아주는 종교적 희망 속에 피신해야 할 겁니다. 분명히 종교적 희망은 우리에게 안도감을 주지만, 문제는 그것이 진실인가 아닌가가 되겠지요. 신앙을 가진 사람에게는 그 문제가 다르게 제기됩니다. 비록 그가 천국에 갈 가능성이 많지 않다고 하더라도 그의 삶은 보다 원대한 무언가에 포함되어 의미를 얻게 되니까요. 한 생애는 그것이 다른 무언가에 포함될 때 의미를 갖습니다. 제 연구는 제가 강의를 하기 때문에 의미가 있고, 그런 식으로 생이 끝날 때까지 의미가 조금씩 이어집니다. 그렇지만 하나의 총체로서 저의 실존은 강의를 듣는 학생들에게는 의미가 있을지 몰라도 제 자신에게는 의미가 없습니다. 물론 항상 후세를 염두에 두고 살 수도 있습니다. 사실 후세는 죽음의 공허로 인한 비애를 약화시켜주기도 하지요. 그러나 그것은 후세가 돌이켜보는 시각일 뿐 저 자신을 위한 것은 아닙니다. 위인이 남긴 글은 그 사람보다 오래 남습니다. 그러나 그 인물은 사라졌고, 죽음은 이 사라짐이 완전하다는 이유에서만 죽음이라 할 수 있는 것입니다. 나의 일생을 보다 넓은 전체 속에 위치시키지 못한다면, 삶은 아무 의미

없는 지리멸렬한 지속에 불과하게 됩니다.

돌아가신 저의 아버지는 그렇게 유명한 분은 아닙니다. 러시아에서 태어나 살다가 후에 프랑스로 이주해서는 프로이트의 저서를 번역하고 환자들을 돌보다가 돌아가셨지요.* 이건 무엇을 의미하는 걸까요? 그가 운명의 하늘 아래를 돌아다닌 것에는 무슨 의미가 있을까요? 그 생의 메시지는 일단 전달되고 나면 아무런 의미가 없는 지리멸렬한 메시지의 부질없음이지만, 저는 바로 거기에서 불가사의한 요소를 발견합니다. 그것은 구체적인 희망이라기보다는 일종의 신비입니다. 보잘것없는 사람이라도 한 존재가 삶을 살았다가 그대로 사라집니다. 여기에는 의미가 없으며, 그렇다고 해서 그 점이 '내세'를 믿을 이유가 되지도 않습니다. 저는 한 운명이 끝이 나고 닫히면 그 어둠 속에는 의미가 비어 있는 일종의 메시지가 있을 거라고 생각합니다. 거기에서 우리는 만족스러운 답을 얻었다고 말할 수 없더라도 이해하려는 시도를 중단하게 되겠지요.

---

* 사뮈엘 장켈레비치Samuel Jankélévitch(1869~1951). 러시아에서 태어났으나 유대인 박해를 피해 프랑스로 이주했다. 프로이트 저서들을 프랑스어로 처음 번역해 소개했다.

나의 일생을 보다 넓은 전체 속에 위치시키지 못한다면.

삶은 아무 의미 없는 지리멸렬한 지속에 불과하게 됩니다.

죽음의 순간은 삶에서 유일하고 진정한 침묵의 순간
이 아닐까요?

네, 하지만 빈사 상태에 빠진 환자를 바라보고 있는
사람에게나 그렇지요. 죽음을 앞둔 이는 대개 침묵이
나 고독이라는 말이 더 이상 의미가 없는 상태에 있으
니까요. 죽어가는 이를 지켜보는 사람은 바로 그 순간
이 자신을 에워싼 실존과는 대조적으로 가장 극단적
인 침묵의 순간이라고 생각할 수 있습니다.

　인간은 전 생애 동안 다른 사람의 지지, 위로, 도
움을 받기도 하지만 죽음이라는 과정의 단계, 죽음의
순간만큼은 오로지 혼자서 넘어가야 합니다. 그리스
도교에서도 이렇게 이야기하지요. "누구도 그것을 대
신해줄 수는 없습니다. 당신이 바라볼 수 있는 마지막
순간까지 십자가를 보여드릴 수 있을 뿐입니다." 죽
는다는 것은 각자 홀로 해야 하는 일이며, 누구도 대
신할 수 없는 일입니다. 어떤 특정한 상황에서는 내가
타인을 대신할 수 있으며, 위험한 임무에서 타인을 대
신해 나를 희생할 수도 있겠지요. 그러나 타인의 죽음
을 대신 죽을 수는 없습니다. 인간은 누구나 자신에게
주어진 자기만의 죽음을 홀로 죽는 것입니다.

죽음은 갑자기 온다고 말씀하셨습니다. 하지만 금욕
이나 고행 등을 통해서 죽음에 대비하는 법을 가르치
는 수업도 있습니다.

죽음은 배울 수 없는 것이고, 배워야 할 것도 없습니
다. 무엇보다도 죽음은 일생에 단 한 번 겪게 되는 일
이며, 그 정의상 첫 경험이 곧 마지막 경험이 됩니다.
그래서 더 나은 죽음을 위해서 미리 여러 번 되풀이하
는 것은 불가능합니다. 죽음은 자동차 운전을 배우고
교습을 받는 사람의 경우처럼 연속된 시도의 결과가
아닙니다. 운전을 배우는 사람의 실력은 점점 더 나
아지거나 때로는 더 나빠지기도 하지만 그는 운전강
사와 함께 연습을 합니다. 이처럼 꾸준히 계속해갈 때
향상을 기대할 수 있는 일이라면 훈련이 효력을 가질
겁니다.

그러나 죽음은 전혀 다른 차원에 속합니다. 죽음
에는 배울 것이 전혀 없습니다. 고행은 죽음에 대한
해석일 뿐이지요! 아무리 충실한 해석일지라도 그것
으로 죽는 법을 배울 수는 없습니다. 그래서 경험적으
로 보면 죽음을 가장 열심히 준비한 사람이 죽음에 가
장 취약한 사람이 되고, 반면에 죽음을 전혀 생각해보
지 않았던 사람이 가장 취약한 사람이 아니기도 하는

겁니다.

행동가라 불리는 사람은 죽음에 신경쓰지 않는 사람
이 아닐까요?

그렇습니다. 행동가는 죽음에 대한 무관심이 표현되
는 형식과 죽음을 자기 아래에 두고 축소시키는 한 가
지 방식을 보여줍니다. 그의 행동은 죽음 앞에서도 다
름이 없습니다. 행동가는 미래학자들처럼 미래와 다
음 세대, 그 자신은 존재하지 않을 세상을 위해 계획
을 세우면서 죽음을 넘어서는 가교를 놓습니다. 그는
2000년을 목표로 한 계획을 세웁니다. 죽음은 그에게
고려사항이 아닌데 이렇게 죽음을 관심 밖에 돌리는
일이 바로 행동의 본질적인 역할이기도 합니다. 그것
은 죽음에 대해 이야기하는 철학자, 사회학자, 인구통
계학자는 존재하지 않을 세상에 대해 생각하는 것이
지요.

죽음을 생각하는 생각 자체도 죽게 될까요?

생각은 생각하는 존재를 필요로 합니다. 생각 자체는
살아 있는 것이 아니더라도 진리와 마찬가지로 불멸

합니다. 플라톤은 죽었지만, 플라톤의 철학은 영원히 존재하는 것처럼 말이지요. 역설은 생각하는 존재에 있습니다. 왜냐하면 생각하는 존재는 생각인 동시에 소멸하는 존재이기 때문입니다. 피타고라스의 정리는 피타고라스 본인의 죽음과는 상관없이 남습니다. 가령 어느 날 상상하기도 어려운 재난이 일어나 세계가 멸망하고 모든 인간, 인간이라는 종, 수학자들이 전부 사라진다고 해도 피타고라스의 정리는 재난 전이나 후나 여전히 진리로 남을 겁니다. 세계의 종말은 피타고라스의 정리에 영향을 미치지 않습니다. 종말 전처럼 그 후에도 삼각형의 세 각의 합은 두 직각의 합과 같을 것입니다. 물론 그 정리를 말해줄 사람은 더 이상 아무도 없겠지만 그것이 진리라는 점에는 변함이 없을 겁니다.

다른 한편으로는 소멸하는 존재, 일정한 혈압을 가진 육체적 존재가 있습니다. 그렇다면 생각인 동시에 소멸하는 존재인 생각하는 존재란 어떤 것일까요? 대체 무엇일까요? 피타고라스의 정리에는 피타고라스가 필요했습니다. 그 진리가 말해지고 그 정리가 진술되기 위해서는 피타고라스가 있어야 했습니다. 생각하는 존재는 진리를 구상하고, 삼각형 내각들의 관계를 정식화하며, 방정식을 도출합니다. 그러면 그 존재는 불멸과 소멸의 세계 양쪽에 양발을 걸치고 있는 걸까요? 생각하는 존재는 진정한 신비입니다. 그가 어떻게 죽을 수 있을까요? 하지만 죽지요! 우리는 끊임없이 생각과 소멸하는 존재 사이에서 오갑니다.

어느 날 시작된 것은 결국 끝나게 되지 않을까요?

존재하는 것이 존재를 중단할 이유는 없습니다. 그러기 위해서는 사고가 일어나야 합니다. 존재의 중단은 존재라는 개념에 포함되어 있지 않습니다. 존재는 자기 자신의 중단을 내포하고 있지 않다는 것이지요. 사실 이 문제가 먼저 제기되었어야 했습니다. 어쨌든 존재하지 않았던 것이 존재하기 시작한 것입니다. 그것이 사실이지요. 피에르라는 사람은 예전에는 존재하지 않았고, 오늘 태어났습니다. 그는 오늘부터 존재합니다. 존재하지 않았던 사람이 존재하기 시작하는 이 사건을 모든 사람들이 매우 정상적인 일이라고 여깁니다. 더구나 그것이 사실이지요. 그렇다면 존재하기 시작한 것이 언젠가 존재를 중단하지 않을 이유는 없지 않겠습니까? 하지만 그 점은 우리가 직면한 어려움에 부합하지 않으며 그것을 해소해주지도 않는다는 점을 유념해야 합니다.

누군가 세상에 태어났다고 해서 소멸과 무화無化의 어둠이 사라지지는 않습니다. 게다가 출생과 죽음은 동일한 것이 아닙니다. 우리는 출생, 그리고 수정과 태아 상태 등의 조건들과 이어지는 단계들을 지켜볼 수 있습니다. 그러나 죽음은 진행 단계가 없는 무화입니다. 살아 있는 사람이 쓰러지고 사라져버린 뒤에 주검만이 남게 되지요.

존재의 중단이라는 문제는 그 자체로 가장 심오한 신비로 남게 됩니다. 그것은 우리가 생각할 수 없는 것이고, 그런 의미에서 충격적인 사건과도 같습니다.

그 신비가 언젠가는 밝혀질 수 있을까요?

신비와 비밀을 구별해야 합니다. 죽음의 신비는 비밀이 아니라는 사실로 특징지어집니다. 원자폭탄이나 현자의 돌, 스트라디바리우스 바이올린 등에 관련된 비밀이 아니라는 말입니다. 사람들은 이와 같은 종류의 비밀에 매우 집착하지요. 하지만 죽음의 비밀을 갖고 있는 사람은 없습니다. 비밀 자체가 없지요. 죽음은 비밀이 아니며, 그 점에서 죽음은 신비입니다. 말하자면 그것은 순진무구함의 신비처럼 백일하에 환하게

언젠가 삶을 잃어버리게 된다고 해도 나는 적어도 삶을 알았던 사람이 되고,

삶을 잃게 된다는 그 이유에서 여쨌든 나는 삶을 살았던 사람이 될 것입니다.

드러나 있는 신비입니다. 신비는 투명함 가운데, 존재라는 사실 자체에 있는 것입니다.

예를 들어 깊은 밤보다는 정오의 대낮이 더욱 신비롭다고 하지요. 정오의 대낮은 모든 사물들이 명백함 속에 펼쳐지고, 사물들의 존재라는 사실 자체를 드러내는 순간이라는 것입니다. 사물들이 세상에 존재한다는 사실은 밤보다 더 신비로우며, 이것이 비밀에 대한 생각을 일깨워줍니다. 비밀은 밝혀지는 것인 반면에 신비는 스스로 드러나는 것이므로 우리가 밝혀낼 수 없습니다.

그러면 불멸성은 어떻습니까?

죽음은 되돌릴 수도, 돌이킬 수도 없는 일입니다. 그런데 이 사건은 누군가 이 세상에 살았음을, 그가 존재했음을 영원히 확정짓습니다. 그것은 침해할 수 없고 영속적이고 공고한 사실이며, 죽음이 전하는 메시지입니다.

죽은 사람은 죽은 사람으로 남을 뿐이지만 저는 그 메시지의 영속성 속에서 인간이 이해할 수 없고 생각조차 할 수 없는, 그러나 어쩌면 매우 단순한 것일지도 모르는 어떤 초자연적 요소를 봅니다. 하지만 그것은 완전히 다른 차원에 속해 있으므로 우리는 그에 관해 아는 것이 전혀 없습니다. 우리는 경험적 사고의 형식에 집착하므로 그것에 만족할 수 없겠지요. 그래서 우리는 확실한 것들을 기대하며 어떻게 해서라도 구체적인 것을 상상해보려 합니다. 이는 그 초자연적인 요소가 우리가 전혀 알지 못하는 다른 차원의 문제라는 점을 전적으로 이해하지 못했기 때문입니다. 바로 그런 이유에서 여전히 죽음에 대해 터무니없는 이야기를 해대는 이들이 생겨나는 거지요.

존재했다는 메시지, 심오하지만 단순한 신비에 둘러싸인 그 메시지만이 우리가 의지할 것으로 남아 있습니다. 인간은 물음을 던지고 그 이유를 자문할 만한 지적 능력은 충분하지만 그 이유에 답할 만한 수단이 부족합니다. 우리는 물음을 제기할 수 있을 뿐입니다.

죽음이 삶을 가능하게 하는 걸까요?

죽는다는 것은 존재의 조건입니다. 죽음은 삶에 의미를 부여하는 동시에 의미를 제거한다고 말한 사람들이 있는데, 저도 그 의견에 동의합니다. 죽음은 삶에 의미를 부여하는 비의미non-sens입니다. 의미를 부여하면서 동시에 그 의미를 부정합니다.

죽음의 이러한 역할은 불꽃처럼 살다가 죽는 존재나 열정적으로 짧은 생을 사는 존재에게서 잘 드러납니다. 그들이 보여주는 생의 힘과 강도는 바로 죽음이 제공한 것입니다. 이것은 우리가 빠져나올 수 없는 딜레마입니다. 우리는 삶의 열정과 영원을 동시에 바랍니다. 하지만 두 가지를 모두 얻는 것은 상상할 수 없는 일이며 인간성의 층위를 벗어나는, 지극히 인간적인 것 이상의 축적입니다.

그러므로 우리의 선택지는 이렇습니다. 짧지만 진정한 삶, 사랑을 주고받는 삶을 택하거나 아니면 사랑 없는 무한정한 존재, 삶이라고 할 수 없는 영속적인 죽음을 택하는 것입니다. 제가 생각하기에 이러한 형태로 양자택일을 제시할 때 두 번째 경우를 택하는 사람은 거의 없을 겁니다. 하루살이처럼 오후 한나절만일지라도 삶을 사는 편이 낫겠지요. 이 관점에서는 길든 짧든 삶을 산 것은 마찬가지이기 때문이지요.

나는 삶을 알았던 사람이 되겠지요. 언젠가 삶을 잃어버리게 된다고 해도 나는 적어도 삶을 알았던 사람이 되고, 삶을 잃게 된다는 그 이유에서 어쨌든 나는 삶을 살았던 사람이 될 것입니다.

— 「『죽음』에 대하여」, 『장광설, 주변부의
의견』Harangue, la revue d'expression en marge,
1967년, 79~87쪽.

죽음에 대한 성찰과 태도

Georges Van Hout
조르주 반 우트와의 대담

소르본느 광장에서. 1968년 5월. 세르주 암부르 사진.

선생님께서는 소르본느 대학교에 재임 중이시지요. 브뤼셀 자유대학교에서는 교수직을 역임하고 명예박사 학위를 받으셨습니다. 선생님과 함께 각자 죽음에 대해 갖고 있는 질문들을 확인하고, 죽음을 둘러싼 수수께끼, 신비, 불안에 대한 생각을 나눠보고 싶습니다. 선생님께서는 자신을 무신자로 규정하시는데 그와 관련해 제 첫 번째 질문은 이렇습니다. 신자와 무신자의 차이는 다른 세상, 즉 내세의 존재에 대한 내기와 필연적으로 연결되어 있는 것일까요?

저는 저 자신을 무신자無神者라고 규정하지 않습니다. 이 점은 명확히 해야겠지요. 저는 무엇이든 간에 드러내놓고 광고하는 것을 꺼리므로 남들이 제가 무신자라 말하는 걸 좋아하지 않습니다. 그리고 무신자라는 사실이 일종의 종교가 되어서도 안 되겠지요. 하지만 많은 사람들이 무신론을 마치 새로운 종파처럼 따르고 있는 듯합니다. 사실 무신자인가 하는 문제에는 꽤 미묘한 면이 있으며 그다지 단순하지 않습니다. 저는 어떤 종파에도 속해 있지 않고, 어떤 종교도 갖고 있지 않으며, 어떤 교의도 따르지 않습니다. 이런 의미에서 저는 분명히 무신자입니다.

그리고 저는 어떤 종류의 숭배도 인정하지 않고,

관계도 없습니다. 이런 의미에서 저는 불가지론자不
可知論者*이며, 모든 문제를 오로지 합리적 성찰을 통
해 고찰하려 합니다. 이런 사고방식은 벨기에에서는
자유의지론자라 부르고, 프랑스에서는 합리주의자라
고 부르는 태도에 해당하는 것이지요. 저는 합리주의
자가 아니므로 마음에 드는 표현은 아닙니다. 꽤 복잡
하지요. 저는 어떤 종교도 갖고 있지 않지만 그렇다고
해서 무신자는 아니고, 다른 문제와 마찬가지로 죽음
에 대해 철학을 하려 하지만 그렇다고 해서 합리주의
자는 아니니까요.

그렇지만 내세에 대한 이 내기가 종교의 존재를 정당
화하지 않습니까?

그 질문에 답하려면 상당히 긴 설명이 필요할 겁니다.
분명히 신앙과 무신앙은 내세와 연관이 있습니다. 만
일 내가 신앙을 가지고 있으면서도 내세를 믿지 않는
다면 무엇을 믿을 수 있을까요? 신에 대한 믿음조차
인간의 삶 이후에 오는 초자연적인 어떤 것, 종말론에
관련된 표상 집합을 포함하고 있을 경우에만 완전한

---

* 불가지론은 경험을 벗어난 사물의 본질은 인식할 수 없다는 철학적 관점
을 말한다.

믿음이라 할 수 있습니다. 그래서 사후의 삶과 관련해 어떤 양식도 제공하지 않는 종교는 진정한 종교가 되지 못합니다. 어떤 형태든 간에 내세의 표상과 신앙은 밀접한 관계를 맺고 있습니다.

한편 내기라는 표현은 저를 주저하게 합니다. 저라면 아마도 내세의 존재에 대한 내기라는 표현을 사용하지 않을 겁니다. 신과 내세의 삶의 존재에 대한 확신으로 고무되어 있는 신자들에게는 내기라는 말이 적용될 수 없기 때문이지요. 따라서 그들에게 내세는 내기의 대상이 아닙니다. 사실 그 표현은 파스칼Blaise Pascal(1623~1662)의 것인데,** 파스칼도 내세를 확신하지는 않지요.

제가 내기라는 표현을 불가지론적 관점에서 사용했다고 가정해보지요. 하지만 종교가 표상하는 내세를 살펴보면 매우 모호해 보입니다. 우리는 가끔씩 매우 구체적이면서 감각적이라 할 만한 내세관을 접하게 됩니다. 예를 들어 인간들이 내세에서도 여전히 육체를 가진 존재로 재회해서 영원히 헤어지지 않는다는 것

** 파스칼의 내기에서는 신의 존재를 믿으면 신이 존재하지 않더라도 잃을 것이 없지만, 신의 존재를 믿지 않을 경우 신이 존재한다면 모든 것을 잃게 되므로 신의 존재를 믿는 것이 더 이득이라는 주장을 내세운다.

입니다. 이것은 미래의 천국에 대한 순진한 시각을 보여주지요. 반면에 내세를 훨씬 더 추상적으로 표상하는 경우들도 있으며, 이 경우 천국의 이미지는 단지 하나의 상징에 불과하지요. 종교가 극락이나 천국의 영원한 지복을 연상시키기 위해 사용하는 이미지들 가운데에는 종교적 맥락과 상관없이 자유롭게 활용되는 상징 그리고 불가지론자도 나름의 의미를 찾을 수 있는 그런 상징은 없는지 궁금합니다.

종교적 신앙이 철학의 영향을 받았다는 점을 고려한다면, 철학과 종교가 혼합되어 다소 절충적인 형태를 띠는 합리주의적 종교에서는 내세가 말 그대로 내세로 해석되기 이전에 일종의 상징이 될 수도 있었을 거라고 생각합니다. 하지만 그렇게 되면 내세의 진정한 역할에서 멀어지게 되겠지요. 신앙을 가진 사람에게 내세는 요즘 말하듯이 실존적 가치를 지니고 있는 것이기 때문입니다. 이 가치가 없으면 내세라 할 수 없을 겁니다. 그런 종류의 내세는 단지 도덕적 상징이거나 순전히 개념적인 철학적 표상일 뿐이며, 종교가 목표로 하는 사람들의 굶주림과 목마름에는 대응하지 못할 겁니다. 우리가 이야기하는 진정한 내세는 이 실존적 가치와 차원이 있어야 합니다.

인간은 자신이 죽은 뒤에 일어날 모든 것을 내세에 투
사한다고 해석할 수는 없을까요?

그렇게 보기는 어려울 것 같습니다. 그런 내세는 다소
은유적인 표현법에 다름 아니기 때문이지요. 이런 관
념은 내세와 미래의 인류를 동일시하는 사람들에게서
보이는데, 그들은 자신들의 후손, 미래의 인류 속에서
다시 살아갈 수 있다고 믿습니다. 인류는 영원하지만,
유감스럽게도 나는 그렇지 않은 것이지요! 바로 이러
한 생각에서 종교가 전에 '신국'神國이라고 불렸던 미
래의 영광스러운 인류, 그리고 오늘날 '계급 없는 사
회' 또는 '하나 된 인류'로 지칭하는 이상향이 생겨나
는 겁니다. 이제부터 추상적 관념과 상징의 영역, 게
다가 순전히 도덕적인 표상 영역에 있게 됩니다. 나는
죽게 되겠지만, 나의 생각은 — 확신은 없지만 제게 그
런 생각이 있다고 가정해봅시다 — 그 후에도 계속 존
재한다는 것입니다. 진정으로 내세를 믿는다는 것은
그런 것이 아닙니다. 신자에게 "안심하고 죽으세요,
당신의 생각은 계속 존재할 겁니다"라고 말한다 해도
그는 만족하지 않을 겁니다. 그 신자가 믿는 것은 생
각의 존속이 아니지요. 그럼에도 불구하고 상징화된
알레고리가 수행하는 역할은 매우 큽니다. 그중에는

순전히 도덕적인 알레고리가 있고, 그 외에 사회적인 알레고리, 생물학적인 알레고리 등이 있겠지요.

선생님께서는 '해방의 날'le Grand Soir *을 언급하셨는데요. 그 해방의 날은 최후의 심판 신화를 대체하는 일종의 사회적 유토피아로 보아야겠지요.

앞서 말했지만 사회 이론 분야에서는 그리스도교적 표현을 쓰는 경우가 매우 흔합니다. 그중 상당수의 이론에서 내세를 역사의 종말에, 즉 현세에 옮겨온 속화된 종교를 볼 수 있습니다.

선생님께서는 어떤 종교에도 속하지 않는다고 하셨는데 그렇다면 선생님의 태도는 무엇인지 묻고 싶습니다. 스스로 무신자라고 규정하지 않으면서도 어떤 신앙 체계에든 소속되는 것을 거부하셨지요. 죽음이 또 다른 삶으로의 이행이 아니라고 보신다면, 죽음에 대한 선생님의 태도는 무엇인가요? 그저 죽음을 무시해야만 하는 것일까요?

사실 가장 난처한 질문을 하셨습니다. 저를 당혹스럽

* 무정부주의자, 공산주의자들이 기다리는 사회혁명이 이루어지는 날.

고 불편하게 만드는 질문이지요. 왜냐하면 비신자非信
者라는 표현을 쓸 수밖에 없는데 우리 비신자들이 처
한 상황은 분명 가장 곤혹스러운 것이기 때문입니다.
종교를 믿는 신자들에게 태도라는 말은 매우 정확한
의미를 지니지만— 대부분의 종교 행위와 믿음은 바
로 죽음과 관련되어 있지요— 반대로 신앙을 갖지 않
은 사람의 경우에는 이 태도라는 것이 아무 의미가 없
어 보입니다. 우리 비신자는 좋은 결과를 거둘 수 없
는 입장에 있고, 실존은 불안정한 상황에 있으며, 비신
자로서 관계되는 모든 일은 보람이 없고 어렵습니다.

　예를 들어 민주주의자가 되는 것은 어렵고, 좌파
가 되는 것도 어려우며, 말한 대로 실천하는 것도 어
렵습니다. 죽음에 대한 태도를 취하는 것 역시 가톨릭
교도들에 비하면 훨씬 더 어렵지요. 이것은 답이 아니
라고 말하실 테고, 옳은 말입니다만, 제 생각에는 질문
을 나누어야 할 것 같습니다.

무신자라면 죽음에 대해 생각하지 않고, 불안을 무시
하며, 살아가는 것에 만족하는 것이 적합한 태도가 아
닐까요?

　그렇기도 하고 아니기도 합니다. 마침 저는 비신자의

죽음에 대한 태도는 곧 삶에 대한 태도와 다르지 않다고 말하려던 참이었습니다. 스피노자가 플라톤과는 반대로 지혜란 죽음에 대한 성찰이 아니라 삶에 대한 성찰이라고 말한 것과 마찬가지로 말입니다. 저는 죽음에 대한 철학은 삶에 대한 성찰이라고 말하겠습니다. 제가 보기에는 실제로 죽음에 대한 태도는 삶의 태도와 다르지 않습니다. 제기 죽음을 무시하고 외면한다는 이야기가 아닙니다. 반대로 저는 이 태도가 죽음을 가볍게 다루지 않고 진지하게 고려하는 유일한 태도라고 생각합니다.

그런데 내세에 대해 순진한 믿음을 갖고 있는 신자들은 흔히 죽음과 내세의 삶을 동일시하고, 내세는 현세가 보다 안락한 형태로 연장되는 것이라 여기기도 합니다. 내세에는 어떠한 제한도 없고, 모두 지복을 누리고, 질병이 없으며, 더는 살아 있는 게 아니므로 죽을 수도 없다는 것이지요. 그다지 진지하지 않은 이런 이야기들은 죽음을 '경박하게' 만듭니다.

죽음을 진지하게 고려한다면 아마도 이렇게 말할 겁니다. "나는 죽음을 전혀 모르고 알 수 없다. 만약 내가 무엇이든 알고 있었다면 그것은 죽음이 아닐 것이다." 내가 죽음에 대해 상상하는 모든 것은 삶의 변이형이고, 여전히 삶입니다. 그리고 내세를 그리는 화가

처럼 상상력이 작동한 것이어서 공상적이긴 해도 진
지하지는 않습니다. 따라서 저는 죽음을 전혀 모르고
알 수 없다는 태도가 죽음에 대한 무관심이나 경박함
의 표시가 아니라고 생각합니다. 차라리 그 반대편에
있는 사람들, 즉 종교 신자들이야말로 진지함 없이 죽
음을 하나의 사건의 의미로 떨어뜨립니다.

죽음에 대한 그와 같은 생각이 필요한 이유는 삶에 의
미를 부여하기 위해서인가요?

제가 질문을 교묘히 피하기 때문에 때로는 진지하기
보다는 그저 약삭빠른 대화자라고 여기실지도 모르겠
습니다. 저는 삶에 의미를 부여하는 것은 의미의 부재
라고 말하고자 합니다. 물론 일차적 관계에서 죽음은
삶에서 의미를 제거합니다. 나는 죽을 수밖에 없고 죽
음이 곧 무無이므로 ― 무라는 개념을 인정한다면 말
입니다 ― 나는 어디에도 이르지 못하기 때문입니다.
내세의 부재는 나의 삶을 비어 있음으로, 무에 이르게
하므로 나의 삶은 아무런 방향도 갖지 못하게 됩니다.
다만 나의 아이들, 나의 후손을 생각해볼 수 있겠지
요? 그것이 내게 남은 유일한 희망이지요.
　하지만 반대로 또 다른 의미, 또 다른 관계에서

보면, 일차적 관계와 반대로, 어디에도 이를 수 없으므로 어디로 가는지 말할 수 없다는 사실은 나의 삶을 한없이 소중한 것으로, 경이롭고 매우 신비로운 것으로 만들어줍니다. 분명 합리주의적이지 않은 표현이지만, 우리는 비의미의 의미, 의미 부재의 의미를 말해 볼 수 있을 겁니다.

종교를 믿지 않으시면서도 경이로운 것과 신비로운 것 등을 말씀하십니다.

그렇긴 하지만 기적은 없습니다. 저의 존재, 당신의 존재에 대해 이야기할 뿐이지요. 우리가 지금 이 순간 여기에 있다는 사실도 결국 매우 특이한 일입니다.

우리가 결국 이르게 될 무無 외에 우리가 빠져나온 무도 존재합니다. 그 또한 우리를 불안하게 하는 것이 아닙니까?

물론 그렇지요. 종교적 표현을 다시 사용할 텐데, 이런 저를 보고 "이 사람 개종하겠군. 개종하기 직전이야!" 라고 생각하실 수도 있겠지요. 그런데 무엇으로 개종한다는 것일까요? 저를 지켜주는 것은 저 자신이 무엇으로 개종하는지조차 모른다는 점입니다. 그러니 걱정하지 마세요. 저는 개종하지 않을 겁니다. 적절하게 상기해주셨듯이 무에서 나온 출생은 내가 세계에 출현한 것의 신비를 명확히 보여줍니다.

인간은 죽음을 생각하면서 죽음을 제어하고 지배한다고 말씀하시는데, 그와 관련해 짧은 인용문을 제시하고 싶습니다. 잘 알려져 있는 파스칼의 몇 구절을 다시 읽다가 이런 대목을 발견했습니다. "인간은 우주에서 가장 연약한 갈대에 불과하다. 그러나 그는 생각하는 갈대이다. 우주 전체가 그를 으스러뜨리기 위해 무장할 필요는 없다. 한 줌의 증기, 한 방울의 물로도 그를 죽이기에 충분하다. 그러나 전 우주가 그를 으스러뜨린다 해도 인간은 그를 죽이는 그것보다 더 고귀할 것이다. 인간은 자신이 죽는다는 것을, 그리고 우주가 자신보다 우위에 있다는 것을 알고 있기 때문이다. 우주는 아무것도 알지 못한다."• 바로 이 부분이 선생님의 책에서 읽은 부분과 연결되는 것 같습니다. 즉 "(……) 인간은 자신의 삶을 생각할 수 있고 그로 인해 자신의 죽음을 생각할 수 있다는 점에서 그를 둘러싼 여타의 구조들에 비해 특권적인 구조를 갖게 된

• 블레즈 파스칼, 『팡세』Pensées.

어디에도 이를 수 없으므로 어디로 가든지 말할 수 없다는 사실은

나의 삶을 한없이 소중한 것으로,

깊이 품고 매우 신비로운 것으로 만들어줍니다.

다." 이것이 죽음을 지배하고, 죽음을 이겨내는 방식
이라고 보시는 건가요?

바로 그렇습니다. '생각하는 갈대' 구절을 상기한 것은
정확히 보신 것이지요. 아무것도 확신하지 않은 채 캄
캄한 어둠 속에서 이야기했던 파스칼이 저를 대신해
답해주는 셈이지요.

하지만 확실한 점이 있습니다. 인간은 자신이 죽
는다는 것을 의식하고, 존재한다는 것의 놀라움을 알
고 있다는 점입니다. 개와 고양이 같은 동물들도 우리
들과 마찬가지로 존재하지만 그 어떤 동물도 존재한
다는 사실을 놀라워하지는 않습니다. 반면에 인간은
존재하는 데 그치지 않고 존재한다는 사실을 놀랍게
여깁니다. 전적으로 부조리하고 근거도 없는 놀라움
이지만 그럼에도 그것이 바로 인간의 힘입니다.

물론 이 힘이 죽음을 제어할 수 있게 해준다고 말
할 수 있을지 의아해하실 텐데, '제어하다'라는 말을
엄밀한 의미 그대로 받아들여서는 안 될 겁니다. 나는
죽음을 의식하고, 죽게 되리라는 것을 알고 있지만 믿
지는 않습니다. 모든 사람들이 자신이 죽는다는 것을
알면서도 믿지는 않듯이 말입니다. 소크라테스는 생
애 마지막 날의 오후 내내 친구들과 함께 죽음에 대해

성찰했습니다. 죽는 순간까지 그의 의식은 완전히 깨어 있었지요.*

저는 그렇게 죽음에 대한 관념을 제어하는 방식보다는 좀 더 일반적인 차원의 문제에 신경이 쓰입니다. 가끔씩 이런 의문이 듭니다. 즉 철학이 우리를 안심시키는 말을 해주려 해도 너무 늦은 것은 아닌지, 그리고 우리가 느끼는 근본적인 불안에 대해서 헛된 위안으로 삼고 있는 건 아닌가 하는 것입니다. 파스칼의 이야기를 예로 들자면, 우리는 죽게 되리라는 것을 알고 있다는 점에서 우주에 비해 우위에 서 있으며, 우리를 으스러뜨리는 우주는 아무것도 알지 못한다는 것은 단지 우리를 위안해주려는 말이 아닐까요?

저는 그렇게 생각하지 않습니다. 더구나 파스칼의 경우라면 말이지요. 파스칼은 우리가 두려움에 떠는 모습을 보는 걸 좋아했습니다. 그는 불안감에 휩싸인 채 답을 구하는 사람들에게 호의적이었고, 이 불안을 전혀 해소하려 하지 않았습니다. 그의 종교철학조차 불안을 없애버리지 않습니다. 파스칼에 따르면, 우리는 끝이 어떻게 될지 모르기 때문입니다. 내가 영원한 벌

* 플라톤의 『파이돈』은 소크라테스가 죽음 직전에 나눈 대화를 다루고 있다.

인간은 존재하는 데 그치지 않고 존재한다는 사실을 놀랍게 여깁니다.

전적으로 부조리하고 근거도 없는 놀라움이지만

그럼에도 그것이 바로 인간의 힘입니다.

을 받게 되는 건 아닌지, 무에 들어가게 될 운명은 아 닌지 모른다는 겁니다. 그래서 나는 보통 내기꾼들이 하듯 내기를 하게 됩니다. 결과를 확실히 알고 있다면 내기는 의미가 없겠지요. 어둠 속에 있는 맹인과 마찬 가지로 내기하게 됩니다. 그러므로 파스칼은 우리를 안심시키려 하지 않았습니다. 그가 우리에게 제시하 는 것은 위안이 아닙니다. 위안을 주는 것은 종교지요.

그러므로 의식이 우리에게 주는 혜택은 내세에 대한 구체적인 확신이 아니라 단지 신비를 그대로 확 인하는 것입니다. 그런데 내가 죽음에 대해 갖고 있는 이 의식이란 무엇일까요? 어차피 나는 죽게 됩니다. 때가 되면, 예컨대 70세 이후, 어쨌든 최대한 늦게 내 신체 조직은 분해됩니다. 그렇다면 죽음에 대해 생각 한다는 그 행위는 과연 무엇이었을까요? 나는 죽는다 는 것을 의식합니다. 그런데 이 의식도 사라지는 것이 확실한가요? 저는 그렇게 생각하지 않습니다. 의식만 이 홀로 존재한다는 것도 그렇지만, 그 의식이 소멸한 다는 것도 확실하지 않습니다. 어느 쪽이든 가능성은 마찬가지고, 전적으로 불확실한 문제지요.

다시 질문을 해보겠습니다. 죽음을 생각하게 되 는 이 의식이란 무엇일까요? 나는 죽음을 생각하면서 그것을 지배하려 하지만, 그렇게 한다고 해서 죽지 않는 것은 아닙니다. 그러나 내가 죽음을 생각하는 한, 나는 죽음의 안이 아니라 그 밖에 존재합니다. 내가 죽게 되리라는 점에서 나는 죽음의 안에 있지만, 내가 나의 죽음을 생각하는 한에서는 그 안이 아니라 밖에 존재하게 되는 것입니다.

조금 전에 데카르트적 관점에서 동물에 대해 이야기 하셨지요. 오늘날 데카르트의 동물에 상응하는 것이 컴퓨터일 텐데, 이에 대해 질문을 드리고 싶습니다. 컴퓨터는 온갖 종류의 연산과 변환 작업을 수행합니다. 그렇다면 죽음을 인위적으로 재현하는 컴퓨터나 누군가의 죽음에 대한 의식을 재현하는 컴퓨터를 상상해 볼 수 있을 겁니다. 컴퓨터도 수명이 있으니까요.

그것은 일종의 은유법이겠지요. 컴퓨터는 많은 일을 수행해내지만 자신이 그 일들을 한다는 것을 알지 못합니다. 데카르트의 언어로 말하자면, "나는 생각한다. 그러므로 나는 존재한다"cogito ergo sum 는 명제를 컴퓨터에게 앵무새처럼 흉내내어 말하게 할 수는 있을 겁니다. 그렇게 말하도록 가르칠 수는 있겠지만, 컴퓨터가 그렇게 생각하는 것은 아닙니다.

컴퓨터가 우리와 너무 다르기 때문에 사고하지 않는
다고 단정하시는 건 아닐까요?

저는 아무것도 단정하지 않습니다. 컴퓨터를 구상하
고 만든 것은 인간입니다. 인간이 컴퓨터를 위해 사고
한 것입니다. 인간 없이 컴퓨터는 존재하지 않을 겁니
다. 반면에 컴퓨터 없이도 인간은 존재하겠지요.

조금 전에 사용하셨던 '신비'라는 단어를 다시 논의해
보고 싶습니다. 선생님께서는 신비에 대해 관례적이
거나 낡은 종교가 제시하는 단순화된 해석을 거부하
시는데 그 때문에 또 하나의 종교적 해석에 다시 빠지
는 것은 아닐까요? 다른 한편으로는 단정적으로 말씀
하시지 않는데, 설명하지 않은 부분이 있어도 적합하
지 않거나 선생님이 믿지 못하는 설명은 거부하십니
다. 이런 의미에서 신비를 뜻하시는 거라고 볼 수 있
을까요?

신비는 합리적이고 이성적인 사람에게 신비입니다.
그는 죽음 밖으로 모습을 나타내 죽음을 사유함으로
써 죽음의 안과 밖에 동시에 존재하게 되는 사람입니
다. 그가 죽음을 생각할 때 죽음은 더 이상 신비롭지

않은 평범한 문제, 인구통계학자나 생물학자가 다루
는 것과 같은 문제가 됩니다. 생물학자에게 죽음에 대
해 말하면, 그는 그것을 생물학적 현상으로만 봅니다.
사람은 어떻게 죽는지, 죽음의 표지는 무엇인지 이야
기합니다. 의사들은 그런 점에 대해서 논의를 많이 합
니다. 사망 판정의 기준을 변경하기도 했지요. 저는 이
기준 변경에 대해 의사 친구들과 자주 이야기했습니
다만, 어쨌거나 그들에게 죽음은 신비가 아닙니다. 인
간의 죽음이나 아메바의 죽음이나 차이가 없지요. 아
메바가 불사하지 않는 한 말입니다. 마찬가지로 인구
통계학자들에게 죽음은 통계적 현상일 뿐입니다. 이
와 같이 인간은 죽음을 생각할 수 있습니다. 하지만
그와 동시에 인간은 죽음 안에 있습니다. 안과 밖에
동시에 있는 것입니다. 저는 죽음의 안쪽에 가려져 있
는 부분, 어두운 부분을 신비라고 지칭합니다.

　　가브리엘 마르셀Gabriel Marcel (1889~1973)*은 문제
와 신비를 구별했습니다. 문제는 백일하의 투명한 대
상처럼 내 앞에, 내 밖에 존재하는 반면, 신비의 경우
에는 내가 그 안에 존재합니다. 그런데 죽음은 문제이
자 신비이고, 논리적이면서 신비롭습니다. 내가 죽음
에서 벗어나 있는 한, 나는 여전히 물 위에 떠 있는 조

---

* 프랑스의 철학자, 극작가. 그리스도교적 실존주의자.

난자처럼 머리를 죽음 밖에 두고 있는 것입니다. 그
는 아직 살아 있고, 더 헤엄칠 수 있으며, 이렇게 생각
하지요. "50미터를 더 가야 해. 거기까지 가면 사는 거
야." 그는 자신의 운명보다 더 강하다고 할 수 있습니
다. 반면에 그가 물에 빠져 잠긴 채 다시 떠오르지 않
는 한, 그것은 신비라고 해야겠지요.

타인의 죽음은 문제이고, 나의 죽음은 신비라고 할 수
있을까요?

타인의 죽음, 그리고 내 죽음의 일부도 내가 죽지 않
은 한 문제라고 할 수 있겠지요. 나의 죽음을 문제로
대함으로써 나 자신이 죽게 될 가능성에 대해서도 사
색을 할 수 있는 것입니다.

마지막으로 드릴 질문은 인간이 죽음 앞에서 취하는
태도는 진정 그의 신앙에 좌우되는가라는 것입니다.
그 태도는 그의 본성에 관련된 것일까요, 아니면 신앙
과 관련된 것일까요?

간단히 답할 수 없는 질문입니다만, 그 태도는 분명히
신앙에 따라 좌우된다고 생각합니다. 물론 이와 관련

해 그가 속한 종교 그리고 신에 대한 관념이 결합된 명확한 신조를 가지고 있는 한 말이지요. 신자가 아닌 사람의 경우에는 삶에 대한 일반적인 태도입니다. 죽음을 대하는 태도는 무엇보다도 실존에 대한 진지한 태도를 함축하고 있기 때문입니다.

— 「죽음에 대한 성찰」, 『사유와 인간, 철학과 비종교적 도덕 잡지』La pensée et les hommes, revue de philosophie et morale laïques, 1970년 12월.

삶의 욕망과 죽음의 권리 사이에서

Pascal Dupont
파스칼 뒤퐁과의 대담

소르본느 대학교에서. 1976년. 마리옹 칼터 사진.

선생님께서는 미국 잡지 『휴머니스트』The humanist에 실린 안락사 찬성 선언문*에 대해 알고 계실 겁니다. 이 선언문의 서명자들 중에는 노벨상 수상자 세 명도 포함되어 있는데, 그들은 인간 개개인은 자신의 운명, 자신의 죽음에 대한 온전한 권리 또는 자유를 갖는다는 점을 주장하기 위해 이 서명에 참여했습니다. 이러한 입장표명은 안락사를 찬성하는 진영과 반대하는 진영, 양쪽에서 모두 격렬한 반응을 일으켰지요. 괜찮으시다면 안락사 인정과 관련된 다양한 문제를 검토하기 전에 우선 본질적인 문제를 철학적, 윤리적 관점에서 논의해보고자 합니다. 우선 질문을 드리고 싶은 것은……

그런데 우리가 무엇에 대해 이야기하는 것이지요? 요즘 유행하는 표현대로 문제 틀이 무엇인가를 묻는 겁니다. 안락사 문제는 개인이 자신의 삶을 마음대로 할 권리가 아닌가요?

그보다는 자신의 죽음에 대한 권리가 문제적이라고

* 존엄사와 자발적 안락사를 주장하는 이 선언문은 1974년 『휴머니스트』에 발표되었으며, 노벨상 수상자인 라이너스 칼 폴링, 조지 패짓 톰슨, 자크 모노를 비롯한 다수의 지식인들과 종교인들이 참여했다.

해야겠지요!

목숨을 끊겠다고 결심한 사람은 그렇게 하게 됩니다. 그가 죽은 뒤에는 조사가 이루어지겠지만 그게 전부입니다. 하지만 안락사는 환자의 상태가 가망이 없다고 판단될 때 환자의 동의하에 의사가 직접적 또는 간접적 방식으로 환자를 죽음에 이르게 하는 조치를 허용할 수 있는가의 문제입니다.

바로 그것이 안락사 문제지요. 의사의 권한은 환자를 고통에서 벗어나게 해주면서 동시에 그의 목숨을 끊는 주사를 놓는 것으로서 살인행위처럼 보이기까지 한데, 의사에게 그런 법적 권한을 인정할 수 있는가라는 문제가 제기됩니다. 예를 들어 프로이트는 끔찍한 안면 암에 걸려 죽음이 임박하자 친구에게 마지막 고통을 덜어줄 주사를 놓아달라고 부탁했습니다. 그 경우에 안락사 문제는 프로이트가 아니라 그 의사에게 제기되는 겁니다. 프로이트에게는 자살을 하느냐 마느냐가 문제일 뿐이지요……. 자살을 결심한 사람은 생 자크 탑 꼭대기에서 스스로 몸을 던지거나, 에펠탑에서 뛰어내려 자기 의지대로 죽을 수 있습니다.

물론 그렇습니다. 하지만 문제는 한 개인이 죽음을 선택하는 것을 막을 권리가 있는지를 판단하는 것일 텐데요.

그것은 의사의 문제가 되겠지요.

안락사 찬성 선언문의 서명자들은 "윤리적 관점에서 죽음은 삶의 일부로서 고려되어야 한다"고 단언하며 자신들의 입장을 정당화합니다. 죽음은 삶 안에 있는 것이므로 죽음에 맞선 싸움이 환자에게 참을 수 없는 고통을 가져올 경우에는 필사적으로 싸울 필요가 없다는 생각이 옳다고 생각하십니까?

저도 오랫동안 저술과 강연을 통해 죽음이 삶의 일부이며, 죽음이 없는 삶은 삶이 아니라는 점을 강조해왔지만 안락사 문제는 전혀 다른 문제라고 생각합니다. 사실 저는 노벨상 수상자들이 무슨 말을 하는지 모르겠습니다. 무엇이 문제인가요? 안락사는 의학적 문제지요. 의사에게 제기되는 철학적 문제이자 현실적인 문제입니다. 철학적으로 또는 형이상학적으로 아니면 신학적으로 — 저는 이것이 신학의 문제라고 보지는 않습니다만 — 이 문제는 의사의 역할에 관한 것입니다. 의사의 본분은 생명을 보호하고, 할 수 있는 한 생명을 연장하는 데 있습니다. 이는 의사의 직업윤리의 분명한 전제이며, 히포크라테스 선서의 정신이기도 합니다. 의사의 역할은 사람을 죽이는 것이 아니라 살리는 것이지요. 하지만 죽음이 불시에 일어나면 의사는 어쩔 도리가 없습니다. 그렇지 않은가요? 환자가 죽은 후에 의사가 문을 닫고 나오면, 성직자가 들어가게 됩니다. 생명을 살리는 것이 의사의 역할이지만 어떤 경우에는 그런 의사의 역할이 무의미한 것이 되기도 합니다.

요즘에는 생명 연장 기술에 대한 문제 제기가 이루어지기도 합니다. 생명 연장 기술은 다양한 방법을 사용해 환자의 생명을 거의 무한정으로 연장하는 것인데, 실제로 의식이 있는 인간이 아니라 식물인간 상태나 의식불명 상태에서 겨우 살아 있는 채로 생명을 무기한 연장하는 것입니다. 심장이 뛰고 호흡을 한다고 그것을 삶이라고 할 수 있을까요? 의사는 꽤 오랫동안 환자가 의식 없이 생명만 유지하고 있도록 할 수 있는데, 그것이 바로 오늘날의 생명 유지 기술과 생명 연장 기술 등이 야기하는 우스꽝스러운 도박입니다.

안락사는 이 도박을 중단하는 것입니다. 생명 연장 기술은 스포츠가 아니고, 의사는 생명 연장 기술의

챔피언이 되려는 사람도, 외관상으로만 살아 있을 뿐
인 초라한 송장을 200세까지 살아 있게 만드는 사람
도 아닙니다. 따라서 그런 상황에 이르게 되면 당연히
안락사가 필요불가결해집니다. 안락사는 누군가의 생
명을 연장하는 게임이 아닙니다. 의사가 누군가의 생
명을 연장하려 할 때 환자의 상태가 심각한 상태에 처
해 있다면······. 실제 생존 가능성을 아는 것이 중요해
지므로 결국에는 의사의 윤리 문제가 매우 복잡해질
겁니다. 그 가능성은 의사만이 판단할 수 있으며, 극
단적인 경우를 제외한다면 매우 불명확할 수도 있습
니다. 어쩌면 그 판단으로 인해 실제로는 치유될 수도
있었을 환자의 생명 연장을 포기하게 될지도 모릅니
다. 그런 일이 일어날 수도 있지요. 평가는 의사가 할
일입니다만 대부분의 경우에는 그런 일이 일어나지
않을 겁니다.

　환자는 죽음을 선고받고, 의사는 환자의 병 그리
고 그의 신체기관 상태에 따라 생명 연장이 무의미한
일일지 아니면 생존 가능성이 있는지를 판단합니다.
그러므로 그것은 삶의 가능성과 희망을 예측하는 문
제이지요. 말하자면 의사는 희망을 주는 역할을 하지
않습니까? 그리고 생명을 연장하는 역할을 하지요. 그
것은 게임도 스포츠도 아닙니다.

맞는 말씀입니다. 그런데 일부 사람들은 생명 존중의 원칙이라는 명분으로 생명을 유지하길 바랍니다.

그렇지요. 제게 무엇이든 간에 책망할 자격은 없지만 아무리 무의미해도, 어떤 희생을 치러서라도 생명을 유지하려 하는 원칙과 환자가 살아남아야 할지 아닐지는 신만이 알 수 있다고 말하는 행위는 비난할 수밖에 없습니다. 그리고 다른 한편으로는 환자의 의지가 중요한데 이 역시 매우 미묘한 문제입니다.

예컨대 환자가 이렇게 말했다고 칩시다. "저는 고통받고 싶지 않아요. (프로이트의) 안면 암처럼 불치병에 걸리면 안락사 주사를 놔주세요." 환자가 그렇게 말할 당시에 그 병은 불치병이었지만, 그동안 의학이 빠르게 발전해 치료제가 개발되었다고 가정해봅시다 (실제로 그렇게 되겠지요. 암 치료제는 '개발 중'이고, 치유 불가능한 병은 없다는 말 역시 사실이니까요). 우리를 둘러싼 금기 중에는 삶 자체가 하나의 금기로서 삶을 함부로 포기해서는 안 된다는 금기가 있습니다. 하지만 병이 치유 불가능하다는 생각도 하나의 금기입니다. 환자에게 생존할 수 있다거나 완치될 수 있다는 확고한 희망을 줄 치료법은 머지않아 발견될 것입니다. 그런데 아직 치료법이 발견되기 전인 지난해

절망에 빠진 순간에 환자가 "안락사 주사를 놔주세요"라고 말했다면 의사는 환자의 뜻을 따를 수밖에 없습니다. 죽어가는 사람의 마지막 의사, 뜻, 유언 역시 묵살해서는 안 되는 또 하나의 금기입니다. 그 금기는 죽어가는 사람의 말에 달려 있는 것이지요. 의사는 그것을 존중해야 합니다. 환자가 그렇게 말했을 때 그는 자신의 병이 완치될 수 있을지를 알지 못했습니다. 이런 상황은 나병환자나 반세기 전 그 당시의 불치병에 걸린 사람이 차라리 죽기를 원했던 것과 같은 상황인데, 그들도 50년 후에는 자신들의 병이 치료될 수 있다는 사실을 알지 못했습니다.

그래서 선언문 서명자들은 환자에게 '생전 유언장'을 작성할 것을 제안하고 있습니다. 고통스러운 불치병에 한해서, 환자는 이 유언장을 통해 의사에게 자신의 고통을 멈출 수 있도록 안락사를 시행할 권한을 부여하는 것이지요. 물론 안락사에 대한 환자의 동의가 자유의지와 분별력이 있는 상태에서 이루어졌다고 확인할 수 있는가라는 문제가 제기되겠지만요…….

일단은 그런 문제가 있겠지요. 그다음에는 그 환자의 병이 치유 불가능한 병인지를 판정하는 것도 아주 어려운 문제입니다. 그게 무슨 뜻일까요? 다시 말해서 불치병이라는 진단도 지금 시점에서만 옳을 수 있다는 말입니다.

지금으로서는 의학이 전혀 손쓸 수 없는 병이 분명히 존재합니다. 그 때문에 환자의 죽음이 임박했다고 진단을 내리는 경우들이 있지요. 그런 상황에서는 환자의 수명 연장을 결정하는 게 옳을지…….

아시다시피 그런 경우는 매우 특수한 것입니다. 안락사 시행 문제를 일반화해서 판단할 수는 없고, 의사는 각각의 경우에 따라 판단하게 됩니다. 실제로 일부 경우에는 안락사 외에는 할 수 있는 일이 없다는 점이 분명합니다. 그런 면에서 저는 노벨상 수상자들의 주장에 전적으로 동의하고 안락사를 적극 지지합니다. 사실 실제에서는 그저 안락사 주사를 놓는 수밖에 달리 방법이 없겠지요. 하지만 그렇다고 해서 그 방법이 모든 경우에 항상 타당하고 완전무결한 해결책이 될 수는 없습니다. 병이 치유 불가능했던 시기에 환자가 표명한 의사도 더 이상 신성불가침한 것으로 여길 수는 없다는 점도 명심해야 합니다. 그렇기 때문에 노벨상 수상자들의 생각과 제 생각 사이에는 미묘하면서도 매우 큰 차이가 있습니다.

저는 안락사 문제가 우리들 철학자나 윤리학자의 문제가 아니라 의사들의 문제라고 생각합니다. 의사의 역할은 생명을 유지하고 연장하는 것으로서 생명을 더 길게 연장할수록 좋습니다. 하지만 실제에서는 생명 연장이 무의미한 일이 되어버리기도 합니다. 특히 그 끔찍스러운 생명 유지 기술에 대해서는 그것이 정말로 의미 있는 행위인가라는 문제가 제기되지요.

말씀하신대로 생명 유지 기술이 때때로 문제를 일으키기도 하지요. 그 기술은 다른 대안이 없는 상황에서 죽을 수밖에 없는 사람을 살아 있는 상태로 유지하는 것이라고 합니다. 바로 그런 이유에서 자연에 맞서 싸우게 되는 것이지요. 또한 의사의 역할은 생명 활동의 과정들이 잘 작동하도록 하는 것인데, 의사는 이 과정들이 필연적으로 죽음으로 이어지는 것을 방해하므로 생명 활동 과정에 맞서는 것이기도 합니다. 이는 모순이라기보다는 비판받을 만한 측면이라고 해야겠지요. 죽음에 맞서 싸우는 과정에서 오히려 환자에게서 고통을 불러일으킨다는 점에서 말입니다. 생명을 존중한다는 명분하에서요.

특히 그 끔찍스러운 생명 유지 기술에 대해서는

그것이 정말로 의미 있는 행위인가라는 문제가 제기되지요.

전적으로 동의합니다. 오늘날 의사들은 생명 활동의 과정에 맞서고 있는 셈이지요……. 어쨌거나 그게 바로 의학의 목적입니다. 혈액 성분을 바꾸고, 심장 대신 '인공 심장 박동기'를 삽입할 때, 의학은 죽음의 불가항력뿐만 아니라, 인체조직에도 맞서 싸우는 것입니다. 위험한 방법이지요! 의학은 끊임없이 자연에 대해 폭력적으로 맞섭니다. 마르크스주의자는 그렇게 자연을 변경하고 그 흐름을 바꾸는 것, 가령 환자를 살릴 수 있는 유일한 방법이라면 심장을 대신해 인공장치를 삽입하는 것이 인간 기술의 기능이라고 말할 것입니다. 우리는 심장에 '장치'를 삽입한 채로 몇 년이나 살아가는 명석하고 뛰어난 사람들이 있다는 것을 알고 있으며, 또 누구나 알 수 있습니다. 우리는 갖가지 금기에 둘러싸여 있습니다. 예를 들어 심장 이식에 대한 선입견들도 금기의 일종이며, 놀라운 장기 이식을 맹렬히 비난하는 사람들 역시 대개는 금기에 얽매인 경우라고 의심해볼 만합니다. 그들은 왜 그토록 의학 연구자들을 비난하는 걸까요? 이들의 연구가 인간에게 더 나은 미래와 긴 수명을 보장해줄지도 모르는 일인데 말입니다.

그런데 금기는 언제나 우리가 생각하는 상대에 있는 것만은 아닙니다. 따라서 금기 자체보다는 그 동기가 무엇인지를 신중히 살펴야 하지요. 제가 보기에 이식에 반대하는 사람들은 의사란 자연을 거스르는 존재이며, 바로 이 점이 의학의 기초를 이룬다고 생각합니다. 의사가 하는 일은 모두 반자연적이라는 거지요. 선언문에 이름을 올린 노벨상 수상자들도 이런 논리를 따르고 있다면, 그들은 질병 치료를 금하는 여호와의 증인들과 같은 편에 서는 셈입니다. 또한 실제 그런 취지로 발언을 했다면, 질병은 신이 내린 것이라는 이유로 치료받기를 거부했던 중세 신학자들과도 구별되지 않을 겁니다.

예를 들어 위대한 작곡가 마누엘 데 파야Manuel de Falla(1876~1946)•는 신비주의자이자 독실한 그리스도교인으로서 병 치료를 거부하다 죽고 말았지요. 전립선에 이상이 생겼음에도 그 질환이 신이 보낸 것이라는 이유로 전립선 제거 등 어떤 치료도 받으려 하지 않았고 결국 죽음에 이르렀습니다. 그것을 뭐라고 해야 할까요? 바로 중세시대에 유행했던 반계몽주의입니다. 의학에 대한 이런 생각은 경계해야 합니다. 선언문 서명자들이 이와 같은 견해를 드러낸다면 그들은 매우 신학적인 관점에 빠져 있다고 보아야 할 것 같습

• 에스파냐의 작곡가. 주요 작품으로 〈사랑은 마술사〉, 〈에스파냐 정원의 밤〉이 있다.

니다.

의학에 관한 문제 제기는 그분들이 아니라 제가 한 것
입니다…….

아, 그렇군요. 아무튼 저는 병 치료를 거부하는 신비
주의 신학자들과 여호와의 증인들을 어떻게 구별해
야 할지 모르겠습니다. 가끔씩 여호와의 증인들이 법
정에 소환되는 사건들이 발생한다는 사실에 대해 알
고 계실 겁니다. 신이 낫게 해줄 거라면서 병든 아이
의 치료를 거부하다가 결국 아이를 죽게 했기 때문이
지요. 그들은 살인죄로 재판을 받게 됩니다.

하지만 제가 그런 문제를 제기했던 이유는 그다음 질
문으로 넘어가기 위해서였습니다. 즉 사람의 생명을
유지하게 하기도 하고 죽음을 유발하기도 하면서 개
인의 생사여탈권을 쥐고 있는 의학의 과도한 권능에
대해 어떻게 생각하시는지를 물으려던 것입니다.

기술의 양면성으로 인해 발생하는 비극적 상황을 지
적하시는 거군요. 생명을 구하기도 하고 죽음으로 이
끌기도 하는 기술. 평화를 지키기도 하고 인명을 빼앗

기도 하는 폭탄의 경우처럼 말이지요.

네, 맞습니다. 그런데 이 문제는 개인의 생명과 관련되
어 있는 만큼 그 비극적 양상이 더욱 두드러지지요.

모든 기술은 양날의 검과 같습니다. 기술은 매우 강력
한 힘을 갖고 있지만 그 힘은 삶에 쓰일 수도 있고, 죽
음에 쓰일 수도 있습니다. 이는 의학만의 고유한 특성
이 아닙니다. 원자의 에너지, 즉 원자 안에 내포되어
있는 힘에서도 그와 같은 상반된 효과를 볼 수 있습니
다. 인간의 창조적 힘의 양면성에 바로 딜레마의 근원
이 있습니다. 그 양면성은 어쩔 수 없지요. 어느 쪽의
경우에서든 중대한 도덕적 문제에 직면하게 됩니다.
의학은 큰 힘을 갖고 있긴 하지만, 한계가 있지요…….
안락사에 호의적인 진보주의자들도 빠지기 쉬운 신학
적 선입견에는 주의해야 합니다. 즉 죽음은 오직 신이
결정할 문제이고, 인간은 다른 인간이 죽어가더라도
그것을 막을 수 없으며, 기술로 인해 얻게 된 능력을
모두 동원하는 것도 필요치 않다는 생각 말입니다. 우
리는 이런 생각을 조심해야 합니다. 신학에서 말하는
그런 신이 존재한다면, 신은 결코 인간에게 질병 치료
를 금하지 않았습니다. 그게 아니라면 환자의 병을 치

료한 사람의 머리 위에 하늘의 불벼락이 떨어졌겠지요. 그런 신학적 선입견의 바탕에는 불치병을 선고받은 병자를 의술이 구해내는 것이라는 관념이 있는 것은 아닐까요? 그런데 누가 불치병을 선고한다는 걸까요? 환자를 살리려는 시도는 전혀 신성모독이 아닙니다. 불치 선고를 받은 그 환자가 모든 사람들과 의사의 예상과 달리 완쾌된다고 해서 누구도 처벌을 받지 않으며, 의사도 벼락을 맞지 않습니다. 사람을 살리는 데는 모든 것이 허용됩니다. 신이 존재한다면 인간에게 할 수 있는 모든 것을 해보라고 할 겁니다. 할 수 있는 일이라면 꼭 해야 한다고 말입니다. 물론 거기에는 한계가 — 근본적으로는 문제가 되지 않습니다만 — 있을 겁니다. 그것은 각각의 경우에서 기술의 상태 그리고 우리가 인간 존재에 대해 얼마나 알고 있는가에 따라 설정되겠지요.

그 한계는, 선생님께서는 기술적인 한계를 말씀하셨는데, 무엇보다도 환자의 의지에 달려 있는 것 같습니다. 가령 고대 사회의 스토아 학파 철학자들은 나이가 들어 쇠락해가는 자신을 보기보다는 편안한 죽음, 평온한 죽음을 — 이것이 안락사의 본뜻이지요 — 택하는 게 낫다고 여겼지요. 그런 이유로 자살을 하기도 했고요…….

지금 우리는 서로 다른 두 가지 문제를 다소 혼동하고 있는 것 같습니다. 인간은 각자 자신의 삶과 자신의 죽음에 대한 권리를 가지고 있습니다. 내가 자살하고자 한다면 아무도 그걸 막을 수 없습니다. 이에 관한 나의 권리는 누구도 제한할 수 없는 불가침의 권리이며, 그것은 문젯거리가 되지 않습니다.

정말 곤란한 문제는 의사의 몫입니다. 안락사 문제는 의사에게 환자의 목숨을 끊는 처방을 내릴 권한이 있는가로 요약할 수 있습니다. 그것이 의사의 본분이 아니기 때문에 문제가 되는 것이지요. 그렇지만 환자의 생명을 연장하는 선택은 의학 기술이 기적적으로 발전하지 않는 이상 결국 무의미한 일이 될 수 있습니다. 게다가 생명 유지나 연장과 관련한 기술이 불러일으키는 사회적 문제들도 끊이지 않고 있지요.

선생님께서는 안락사에 대한 보편적이고 일괄적인 해결책은 없으며, 각 사례별로 의사가 양심적으로 판단할 수밖에 없다고 말씀하셨습니다. 그런데 앞서 언급한 노벨상 수상자들은 안락사를 일괄적으로 허용해야 한다고 주장합니다. 이는 어떤 경우에든 안락사를 단호히 거부하는 사람들과 마찬가지의 태도로 보입니다.

비록 제가 의사는 아니지만, 노벨상 수상자들은 물론이고 의사협회라는 단체의 권위는 더욱더 인정하기 어렵습니다. 그런 명칭들이 대체 무엇인가요? 그저 권위를 내세우기 위한 주문일 뿐입니다. 노벨상 수상자라고 해도 잘못 생각할 수 있으므로 그의 견해를 꼭 따를 필요는 없습니다. 의사협회는 더욱 그렇습니다. 이 단체는 극히 보수적이고 온갖 금기에 매달리지요.

안락사를 전면 거부하는 의사들은 환자에게 너무 과도한 권력을 행사하는 게 아닐까요?

그 의사들은 순전히 신화 속에 살고 있는 것 같습니다. 그들은 어떤 금기 또는 통제되지 않은 종교적 믿음에 기대어 사실상 환자에 대한 생사여탈권을 쥔 채로 마치 생명을 유지하는 기계처럼 행동합니다. 하지만 우리가 의사에게 기대하는 것은 생명 연장 시합의 우승이 아니지요!

예를 들어 병환이 심각해서 일주일에 세 번씩 병원에서 신장 투석을 받아야 하는 사람이 있다고 가정해봅시다. 우리는 이런 처지에 있는 사람들을 알고 있지요. 그 환자는 이렇게 말하겠지요. "나는 자살하는 게 어렵지 않아요. 내일 병원에 가지 않으면 그만이거든요. 저녁에는 바로 요독증으로 죽을 테니까요." 보시다시피 이 경우 안락사는 아주 간단합니다. 그리고 환자 자신이 유일한 결정권자입니다. 관자놀이에 총구를 겨누거나 창에서 뛰어내릴 필요도 없지요. 그서 어떤 행위를 하지 않는 것으로 충분합니다. 바로 이 점이 중요한데, 그것은 의사가 충분히 수용할 수 있는 방안입니다. 그는 환자를 죽이는 것이 아니니까요. 의사는 이렇게 말할 수 있을 겁니다. "환자의 목숨을 24시간 더 연장하기 위해 약물을 투입할 필요는 없을 겁니다. 가족이 동의한다면 그 약물을 투입하지 않겠습니다."

실제로 선언문 서명자들도 적극적 안락사와 소극적 안락사를 구분하고 있습니다. 적극적 안락사는 약물 주사로 환자를 죽음에 이르게 하는 것이고, 소극적 안락사는 연명 치료에 활용하던 시술들을 줄여가는 것이지요.

환자의 가족도 그런 소극적 방식에는 동의할 수 있을

겁니다. 환상이나 종교적 믿음 때문에 정신이 혼미해지거나, 이성적 판단력을 잃지 않았다면 치료 포기를 택할 수 있을 겁니다. 의사는 의학적 근거를 대기 위해 "환자가 깨어날 가능성은 3만분의 1입니다"라는 식으로 추산하며 말하겠지요. 즉 가망이 없다는 얘깁니다. 분명하지요. 그런데 바로 그 지점에서 신학적 태도가 개입하게 됩니다. 3만분의 1이라는 확률도 형이상학적 관점에서는 가능성이 있다는 겁니다. 죽음이 돌이킬 수 없는 확정적인 상태가 되는 것은 뇌에 혈액 공급이 중단되고 45초간의 숙명적인 시간이 흘렀을 때, 되돌릴 수 없는 죽음의 순간부터입니다. 따라서 죽음이 돌이킬 수 없는 것이 아닌 한 이론적으로는 환자의 생존 가능성이 있다고 해야겠지요.

선생님께서는 이 경구를 떠올리신 것 같습니다. 즉 "아직 죽지 않은 한 그 사람은 살아 있는 것이다. 마지막 순간까지 그는 살아 있다."

그렇습니다. 라 팔리스Jacques de la Palice (1470~1525)˙라면 "그는 죽기 전까지는 살아 있었다!"라고 말하겠지요. 한편 종교를 믿는 신자라면 당연히 "오직 신만이

˙ 프랑스의 장군.

아신다!"라고 말할 겁니다. 10억분의 1의 확률일지라
도 그가 신 앞에 서게 될 기회가 있는 이상, 옆에서 무
슨 말을 해도 소용이 없습니다. 순정한 형태의 신비주
의지요. 제 생각에는 환자의 극심한 고통이 걸려 있는
구체적인 문제가 존재론, 형이상학, 신학과 뒤섞이지
않도록 특히 주의해야 합니다. 그렇지만 분명 기술의
가공할 힘, 그리고 죽음을 막지는 못하지만, 생명을 부
한정 연장할 수 있는 의학 기술이 제기하는 문제가 있
습니다.

저도 일조하고 있지만 이 소란스러운 언론 캠페인이
무익하고 무의미하다고 보십니까?

실제로 긍정적인 면보다는 부정적인 면이 더 클 거라
고 생각합니다. 의사가 환자에게 안락사를 실행하는
것을 더 어렵게 만들기 때문입니다. 의사가 자신을 잘
못을 저지른 사람처럼, 죄인처럼 여기게 되기 때문이
지요. 사실 인간적이고 이해심 있는 의사들 다수는 그
럴 거라고 생각합니다.

안락사를 행할 때 가족과 의사가 죄의식에서 벗어날
수 있게 하는 것이 이 선언문 서명자들의 의도 중 하

나겠지요.

그렇지요. 서명자들의 의도는 틀림없이 매우 좋은 것일 테지요. 하지만 안락사 문제를 너무 요란하게 제기하면서 어쩌면……. "그만두죠. 이 비참하고 고통스러운 연극을 멈춥시다"라고 하면서 오히려 안락사를 특별한 행동으로 만들게 됩니다. 저는 진정으로 인간적인 의사들이라면 모두 안락사를 시행할 거라고 생각합니다. 하지만 자칫하면 혈액 관류, 소생술, 점적주입點滴注入 장치를 중단하게 하는 의사는 자신을 죄인처럼 여길 수도 있겠지요. 따라서 두 가지 문제가 제기됩니다. 첫 번째로 형이상학적인 문제는 이론적인 것이므로 그에 대해서는 할 말이 없습니다. 두 번째로 구체적인 문제는 경우에 따라 적용 가능한 것으로서 의사는 각 경우에 기술의 상태 그리고 때로는 기술의 급격한 발전 상태를 고려해야 합니다. 하지만 그렇다고 해서 그 기술의 발전이 죽은 사람들을 되살려내지는 않을 겁니다! 현 상태에서 죽음이 예정된 사람을 죽음이라는 무에서 구해낼 수도 없겠지요! 그런데 기술의 현 상태는 어떻습니까? 기술은 매우 빨리 변화합니다. 환자의 의지도 마찬가지입니다.

예를 들어 모든 의학 관련자들이 전념하고 있는

암 문제의 경우에도 그렇습니다. 저는 몇 년 전에 리스본에서 암 연구를 하는 마르세유 교수를 만난 적이 있습니다. 그는 "15년 내에는 암 문제를 극복할 겁니다!"라고 말했지만 15년이 지난 지금도 문제가 여전히 극복되지 않았습니다. 그래도 암 문제가 극복되지 않은 것이 인간에 대한 신의 처벌은 아니며, 암이 치유 불가능한 병인 것도 아닙니다. 안락사의 신성화에도 위험이 존재합니다. 생명이든 — 예전과 같이 모든 경우에 보호되어야 하는 것으로서 — 안락사든 신성화해서는 안 됩니다. 안락사를 신성화하면 치유 불가능한 병이라는 생각까지 신성화하게 되기 때문이지요. 선천적으로 치유 불가능한 병은 없습니다. 단지 현재 기술 단계에서는 치료할 수 없는 병이 있을 뿐입니다. 하지만 그 병이 치유 불가능하다는 것이 "암을 치료하는 것은 신성모독이다"라고 신이 말했다고 여긴 중세시대에서 말하는 의미는 아닙니다. 암은 현재 가장 치료하기 어려운 병이기 때문에 사실상 많은 사람들은 오래전에 나병이나 무엇인지 모를 병, 나력癩癧에 전가했던 것을 암에 떠넘기고 있습니다. 신이 인간에게 보낸 그런 병의 치료는 금지되어 있고, 그 병을 치료하면 신성모독자가 되어 벼락을 맞아 죽게 된다는 것이지요! 하지만 치유 불가능한 병은 없으며, 그 죽는다는 사실의 확실함과 죽는 날짜의 불확실함 사이에 불명확한 희망이 흘러듭니다.

점을 유념하지 않으면 안 됩니다.

선생님께서는 신비주의, 금기, 안락사의 신성화에 대해 많이 말씀하셨습니다. 그것이 우리가 죽음에 대해 갖고 있는 개념, 즉 죽음에 대한 두려움과 관계가 있을까요?

인간의 생명과 관련 있는 모든 것은 신성화되는 경향이 있지요.

하지만 항상 그랬던 것은 아닐 텐데요…….

사실 생명의 신성화가…… 정치적으로 어떻게 구별되는지 잘 알고 계실 겁니다. 안락사 지지자들은 진보주의자, 안락사 반대자들은 반동주의자가 되지요……. 실은 안락사 지지자들이나 반대자들 모두 인간 생명의 무한한 가치라는 생각에 다소 사로잡혀 있지만, 그 생각도 결국은 진보주의적인 생각입니다. 과거에 종교재판관들은 인간 생명을 그런 관점에서 보지 않았지요. 인간의 생명은 모든 경우에 대단히 귀중하고 가장 우선적으로 지켜야 할 것이라는 점은 모든 사람들이 찬성하지만……. 그런 관점은 다른 금기를 야기하게 됩니다. 사실 인간 생명의 가치는 진보주의적이고 인도주의적인 금기라고 할 수 있습니다.

그리고 죽음의 금기가 있지요. 오늘날에는 죽음의 금기가 더욱 깊이 자리 잡고 있습니다. 몇 세기 전만 해도 사람들은 평온하게 죽음을 기다렸지요. 오늘날처럼 죽음을 피하려 애쓰지 않았습니다. 그 점에 관해서는 죽음에 대한 스토아 학파의 글을 다시 읽어보면 알 수 있지요.

기술이 발전하면서 현대인들의 평균수명은 증가했습니다. 기술의 속도는 현기증이 날 정도로 빠르고 수명은 증가합니다. 인간의 평균수명은 계속 증가하고 있지요. 현재 도시에는 노인들, 그중에서도 특히 여성 노인들이 많이 있습니다. 우리는 과부들의 세상에서 살고 있는 셈입니다. 신기한 일이지요. 이 점에 주목해본 적 있습니까? 90세가 넘은 여성들이 혼자 활기차게 살아가고 있지요……. 사실 그 점에는 그리스도교도 책임이 있습니다. 오래전에 그리스도교는 인간이 죽음과 스스럼없이 지내면서 사는 법과 죽는 법을 배우는 것에 익숙해지도록 했습니다. 고행은 그리스도교의 개념이지요. 고행하는 것은 살아 있으면서 죽는 것으로서 죽음을 준비하는 것입니다. 죽음을 준비하기 위해 무엇을 해야 하는지 저는 모르겠습니다만,『그리스도를 본받아』De Imitatione Christi*에서는 항상 '메멘토 모리'Memento mori**를 말합니다. 다시 말해 스토아 학파만이 아니라 특히 그리스도교도들도 죽음을 준비하는 태도를 보여줍니다. 그리고 그리스도교에는 내세가 존재하지요. 내세에서 삶을 살기 시작하는 것이므로, 죽음 이후에 삶이 시작되는 것입니다! 내세가 존재하므로 인간은 죽음과 친근하게 지내게 되고 평온하게 죽게 되지요. 오늘날에는 그런 믿음이 약화되었지만요.

요즘에는 사람들에게 평온하게 죽는 법을 가르치지 않는 것 같습니다. 사람들은 죽음의 문턱에 다다르기 전까지는 죽음을 잊고 있습니다. 그리고 죽는 순간조차 죽음을 잊어버리는 데 필요한 약과 진정제를 투여받게 됩니다. 스토아 학파에 대한 이야기는 지난 세기와 우리 세기에 죽음을 대하는 태도가 상반된다는 점을 보여드리기 위해서였는데, 기술의 진보가 삶에 대

• 독일의 성직자인 토마스 아 켐피스Thomas A Kempis(1380~1471)가 쓴 책으로 추정된다. '영적 생활에 대하여', '내적 생활에 대하여', '내적 위로에 대하여', '성만찬에 대하여'의 4부로 구성되어 있다.
•• '죽음을 기억하라'는 뜻의 라틴어.

한 희망을 주기 때문일지도 모르겠습니다.

　삶에 대한 인간의 바람은 인간의 능력에 따라 자연스
럽게 증가했습니다. 우리는 죽음을 언제든 미룰 수 있
는 것이라고 생각하지요. 죽음이 결코 필연적인 것은
아니라는 겁니다. 신학자들은 "죽음은 확실하지만 다
행히 그 시간은 불확실하다"Mora certa, hora acerta 라
고 말했습니다. 내가 죽는다는 것은 필연적이지만 정
해지지 않은 날짜에, 가능한 한 늦게 죽는다는 것으
로……. 죽는다는 사실의 확실함과 죽는 날짜의 불확
실함 사이에 불명확한 희망이 흘러듭니다. 그리스도
교인들은 이 희망을 많이 이용하지는 않았습니다. 하
지만 오늘날 그 희망은 사실상 매우 커졌고, 사람들은
80세 이상까지 거뜬히 살기 때문에—70세에 죽으면
일찍 죽는 셈이지요—죽음이 연기 가능하다고 여기
는 가운데 그것과 친하게 살아갈 준비는 되어 있지 않
습니다. 그리고 사람들은 누군가 죽으면 항상 의사를
비난하려 한다는 점을 알 수 있을 겁니다. "더 살 수
도 있었는데 필요한 조치를 취하지 않았어요"라고 하
면서 말이지요. 제 자신을 포함해 많은 사람들은 이제
이론적으로 자연적인 죽음은 없다고 생각하는 경향이
있습니다.

제 아버지는 의사셨는데 죽음은 결코 자연적이지 않다고 생각하시는 편이었지요. 즉 90세가 된 사람의 경우에도 모세관이나 작은 맥관에 이상이 생기는 등 매우 미미한 사건이라도 일어나야 하므로 "그는 외출했을 때 폐울혈과 폐렴에 걸렸다"라고 하는 겁니다. 분명히 그 노인의 인체조직은 전보다 더 약해지고, 바이러스와 박테리아가 더 큰 영향력을 미치게 되지만 극히 작더라도 사고가 발생해야 합니다. 그런 점에서 죽음은 우발적인 것으로 보입니다. 80대, 90대, 100대의 사람에게 작은 사고가 일어난 것이므로 이론적으로 그는 하루 이상 더 살 수 있었던 것이지요. 다시 말해 101세에 죽었다면 이론적으로는 102세까지 살 수 있었던 겁니다. 우리는 이런 식으로 생각하려는 경향이 있는데 어떤 관점에서 보면 그것은 사실이지요. 따라서 죽음의 문제는 극히 미미한 사고에 대한 해독解讀과 의학의 힘으로 인해 좀 더 복잡해집니다.

조금 전에 의사들이 생명을 연장해 이른바 살아 있는 시체들이 된 환자들에 대해 말씀하시면서, 그들은 누구에게도 유익하지 않다고 하셨다가……. 그렇게 말하는 것은 위험하다고 바로 정정하셨지요.

네. 그런 태도에서 나치즘이 나타나기 시작하는 겁니다. 물론이지요.

바로 그래서 안락사를 거부하는 의사들은 안락사 찬성이 우생학을 인정하게 할 수도 있다고 논증하면서 자신들의 입장을 정당화하지요. 왜 그렇지 않겠습니까? 65세 이상인 사람들, 모든 비정상인들을 죽이면서 과학이 정상성을 결정짓게 될 수도 있겠지요.

그것은 무시해서는 안 될 우리의 취약점이라고 — '우리'라고 말한 것은 결국 저도 안락사에 찬성하기 때문이죠 — 말해야겠습니다. 조금 전에 생명 연장에 대한 인도주의적 생각은 진보주의적인 생각으로서, 좌파의 생각이어야 할 거라고 했지요. 따라서 안락사를 거부하는 사람들이 쉽게 인도주의의 지지자가 되고, 생각이 다른 사람들에 반대하는 진보주의의 지지자가 되며, 히틀러주의자로 변하기도 합니다. 우리끼리 이야기지만, 그런 위험은 실제적이라고 말할 수 있습니다. 거기에서 위험은 문제의 상태를 고려해 선의와 진의로 해결됩니다. 환자의 나이, 암 연구나 의학 기술의 현 상태를 고려해 치료를 거부하는 의사의 조치를 우생학이니 히틀러주의로 비난하는 것은 아주 쉬운 일

입니다. 모든 경우에 선험적으로 타당한 규칙은 없지
만 우리는 거기에서 발견되는 위험을 무시해서는 안
됩니다.

그들이 희화화해서 말하듯이 사람은 65세에 죽어
야 한다고 결정하는 것은 저능아를 없애는 것과 같습
니다. 리에주 소송 때 장애아들에 대해 그런 말을 한
사람이 있었지요. 탈리도마이드˚로 인해 팔과 손이 없
이 태어난 회복 불가능한 지적장애아를 죽게 내버려
둔 의사였습니다. 그 사건에서는 아이가 어렸고, 이론
적으로는 살아 있었으므로 더욱 비통하게 여겨졌지
요. 그 의사는 고대 스파르타인들이나 오늘날 히틀러
주의자들과 비슷한 행동을 했다는 점에서 비난받았습
니다.

이 문제와 관련해서는 모든 경우에서 진의와 미
묘한 차이의 의미 그리고 구체적인 것의 의미가 다음
경우를 구별하는 데 도움이 될 겁니다. 즉 완벽하게
자기 역할을 할 수 있고, 살 수 있으며, 활동할 수 있는
사람에게 죽음을 선고한 냉혹한 의사 그리고 모든 의
사들로부터 죽음을 선고받은, 죽음이 임박한 90세의

˚ 독일 제약회사 그뤼넨탈이 1957년에 출시한 진정제인 콘테르간에 사용
된 성분으로 임산부의 입덧방지용으로 사용되었으나, 부작용으로 많은 기
형아들이 출산되었다.

환자를 식별할 수 있도록 말입니다. 악의만 없다면 구별이 이루어질 수 있을 테지요. 그 문제는 미묘한 차이, 진의와 관련됩니다.

안락사를 거부하면서 생명에 대한 가치를 전도시키는 의사들에 대해 말씀하신 점이 흥미롭게 보입니다.

네. 그들은 낙태에 대해서는 "죽이지 말라"고 주장하지요. 또 한편으로는 문제 자체의 애매함으로 인해 입장의 역전이 일어나게 됩니다. 다시 말해 안락사 자체에 불분명한 특성이 있기 때문에 문제적인 것이 되고, 사실상 양심의 문제이자 결정하기 어려운 문제가 되는 겁니다. 특히 기술 자체는 선을 위해 쓰이든, 악을 위해 쓰이든 모호한 특성을 지니고 있습니다. 모든 것이 애매모호하지요. 그렇지만 우리에게 정직함과 진심, 인간적인 지각만 있으면 되는 건전한 규칙이 없다는 말은 아닙니다.

의사들은 기계가 아니므로 선입관적인 생각으로 그들 스스로 판단합니다. 예를 들어 어떤 과격한 의사는 어떤 대가를 치르더라도 — 상황에 딱 맞는 말이지요 — 반드시 생명을 유지하고, 생명 연장자, 소생술 전문의라는 일을 하는 것, 그것만을 알고 있을 뿐입니다. 그런 점에서 그는 차라리 생명을 구하고 유지하는 기계라고 할 만합니다. 그와 반대로 어떤 의사는 환자의 상태가 전혀 포기할 상황이 아닌데도 포기해버립니다. 예를 들어 환자가 지난해에 살고자 하는 의지를 표현했는데도, 의사가 현 상태에서 환자를 포기하는 것은 범죄적인 일이 된다는 것을 이해하지 못합니다. 환자가 지난해에 "더 이상 살고 싶지 않아요"라고 의향을 표시했다는 것을 구실로 내세우며 환자를 포기하는 의사에 대해서는 뭐라고 하시겠습니까? 어쨌든 그 판단은 의사가 할 일입니다. 저는 대부분의 경우에는 의사에게 판단할 능력이 있을 거라고 생각합니다. 그 점에 대해서는 노벨상 수상자들의 의견을 물어볼 필요 없이, 환자를 실제로 진찰하는 지역 의사들에게 물어보면 되겠지요. 이 모든 문제에는 대단히 추상적으로 전문화된 고등 연구, 기초 연구가 공통적으로 존재하기 때문입니다. 기초 연구는 원자原子의 경우에는 지장을 주지 않지만, 고통받으면서 살아 있는 인간의 경우에는 환자 자체로부터 많이 멀어지게 할 수 있습니다.

　그런데 이제는 우리 주위에서 지역 의사, 일반의가 더 이상 보이지 않습니다. 제 아버지 때는 있었지요. 그 의사들은 환자의 삶을 옆에서 지켜보므로 인간적인 문제를 알고 있었습니다. 그들은 병든 수위를 진찰하기 위해 계단을 오르고, 다락방에 사는 불쌍한 사람을 잘 돌아보았지요. 지역 의사였던 제 아버지는 치료받지 못해 생사가 불분명한 가엾은 사람들 집에 한밤중에도 불려가시곤 했어요. 제 아버지 이야기를 해서 죄송합니다만, 많은 일반의들의 경우도 마찬가지일 겁니다……. 오늘날에는 바로 정직한 정신과 마음이 필요하겠지요.

선생님께서는 "단지 삶을 포기하는 것만으로는 누구도 죽지 않는다"라고 책에서 말씀하셨습니다. 그리고 죽음의 두 가지 요인으로 피로(주관적 의미)와 육체적 노화(객관적 의미)에 대해 살펴보셨지요. 죽음을 거부하는 것은 생전 유언장을 작성함으로써 치유할 수 없는 환자의 고통을 끝낼 권한을 의사에게 부여하는 것을 전제하지 않는 것입니다. 다시 말해 기적 같은 일을 이루어내는 삶의 의지를 내포하는 것으로서, 이는 삶의 포기와 대립되지 않습니까? 다시 말해 생전 유언장에 서명하는 행위는 결국 삶에 대한 의지에 방해가 되며, 따라서 회복 가능성에도 장애가 되는 것은 아닐까요?

그것은 확실하지요. 이 또한 제 아버지 말씀이지만, 죽음은 어떤 면에서 사실상 삶의 포기를 표현합니다. 환자에게는 더 이상 살아갈 용기가 없는 경우가 있습니다. 사실 절망에 빠진 순간에는 우리 자신에게서 항상 그런 면을 볼 수 있지 않습니까? 더 이상 욕구도 없고, 어떤 관계도 느끼지 못하며 — 어쩌면 정신분열증일지도 모르지만요 — 우리를 둘러싸고 있는 세상 그리고 삶, 젊음 등과 어떤 관련도 더 이상 느끼지 못하는 겁니다. 이 같은 삶에 대한 체념은 이미 죽음이므로, 환자가 유언장에 서명하는 행위는 이미 자살이 되고, 그는 이미 죽은 것과 다름없습니다.

안락사가 인정된다면, 사람들이 안락사를 실행할 수 있을 거라고 생각하세요?

안락사를 두둔하는 것, 안락사 동의 유언장에 서명하도록 장려하는 것은 위험한 일입니다. 다만 이와 같은 일종의 삶의 체념은 대개 조울증 현상으로 볼 수도 있습니다.

오늘날 절망의 순간에 안락사 동의 유언장에 서명하는 행동은 — 윌리엄 제임스William James (1842~1910)*는 자살 기도자들에게 "내일 신문을 기다려보

십시오"라고 말했다고 하지요 — 1940년에 레지스탕스 활동가들이 심적, 정신적으로 모두 항복해버렸던 것과도 같습니다. 그런데 결국에는 저항이 옳았지요. 당시에 저항을 포기하고 자살한 애국자들 중 한 사람인 유명한 외과의 티에리 드 마르텔Thierry de Martel (1875~1940)•• 은 다음 날 신문, 더 정확히 말하자면 다음 해의 영국 라디오 방송을 기다리지 않았던 겁니다. 그의 결정은 절망에 사로잡혀 내린 감상적이고 병적이며, 잘못된 그러나 이해할 만한 평가에서 비롯된 것입니다. 그는 미래의 시작을 고려하지 않았다고 볼 수 있습니다.

미래의 시작을 헤아려야 한다는 관점에서 보면 안락사를 반대하는 의사협회의 행동이 옳다고 인정할 수도 있습니다. 환자의 유언장이 다음 해나 다음 주에도 여전히 신중하게 숙고한 환자의 의지를 반영하는지는 알 수 없습니다. 따라서 의사가 책임을 피하기 위해 환자에게 요청하는 그 유언장은 상당히 위험한 것이 될 수 있습니다. 환자의 의지는 병의 본질과 그 병에 대해 알고 있는 것에 의존하는 만큼 더욱 그렇습

• 미국의 철학자, 심리학자로서 대표적인 지작으로 『프래그머티즘』이 있다.
•• 프랑스의 신경외과 의사. 1940년 6월, 독일군이 파리에 입성하자 자살했다.

니다.

요즈음 사람은 자신의 병을 스스로 분석하고,『라
루스 의학사전』Larousse médical을 참고하며 헛된 생각
을 가지면서, 예컨대 암이라는 단어는 금기어로 여겨
진다고 생각합니다. 즉 암이라는 단어는 입 밖에 꺼내
말하지는 않으면서, 완곡한 표현으로 아무르amour를
탕부르tambour로 대신하는 것과 마찬가지로 대체된다
고 여깁니다. 낭종이나 작은 정종疔腫, 작은 궤양이 있
다는 말을 듣게 되면 환자는 그 무시무시한 단어에 정
신이 아득해져서는 대개 문제를 단순화하고 자신의
병을 치유 불가능한 것으로 여기게 됩니다. 그가 그
병이 치유 불가능하다고 믿기 때문이고, 그렇게 믿기
때문에 그 병은 치유 불가능해지는 겁니다. 모든 경우
에 유효하며 지나치게 단순한 모든 해결책은 매우 위
험하지요. 그런 해결책들에 주의를 기울이다 보면 다
수의 미묘한 차이들을 발견하게 되므로, 결국 누구도
옳다고 인정하지 않게 됩니다.

이론적으로는 저는 안락사에 찬성합니다. 하지만
모든 경우에 안락사에 찬성한다고 하는 것은 시간과
시간이 갖는 힘 그리고 미래의 시작, 가능성의 의미를
무시하는 것입니다. 다시 말해 기술의 발달과 병의 진
행상태 그리고 환자가 자신의 병에 대해 갖는 감정의

변화를 고려해야 합니다. 아무리 신중하고 냉철한 사람이라도 그 사람이 내린 모든 결정은 결정 당시의 상태와 관련된 그날의 순간적인 결정일 뿐입니다. 자살을 결정하는 사람들의 경우와 같이 예외적인 경우에 신중하게 내린 결정을 제외한다면 말입니다.

유명한 철학적 예로 카를 마르크스의 사위인 라파르그Paul Lafargue (1842~1911)* 와 그의 아내의 자살을 들 수 있겠지요. 그 자살은 사회당 내에서도 큰 비난을 불러일으켰습니다. 사회주의자들은 그들 스스로 신학자가 된 것처럼 굴면서 이 자살을 죄가 되는 것으로 여겼습니다. 라파르그의 행동은 고대 현자의 행동과도 같은 것이었습니다. 그는 한창 나이에 죽기를 원했으며, 망령과 노화를 겪는 것을 원하지 않았던 것이지요. 이와 같은 경우를 제외한다면 순간적인 모든 결정은 후회할 수도 있는 것입니다. 인간은 변화할 수 있는 시간의 존재이고, 병도 변화할 수 있기 때문입니다.

조금 전에 죽음은 배울 수 있는 것이 아니라고 하시면서, 죽음을 배운다는 것의 의미를 모르겠다고 말씀하셨지요. 그렇다면 고통을 겪는 법은 배울 수 있을까

* 프랑스의 사회주의 운동가로 프랑스 노동당을 창립했다.

요? 정신약리학의 발달로 사람들에게 무엇이든 수용
하게 할 수 있고, 그들의 정신에 영향을 미칠 수 있게
되었으니 말입니다.

배운다는 것은 환상이고, 배움이라는 단어는 은유입
니다. 고통을 겪는 법은 배우는 것이 아닙니다. 달리
기, 높이뛰기, 100미터 수영은 훈련히는 깃이지만 고
통을 겪는 법은 배우는 것이 아닙니다. 우선 익숙해질
뿐이고 습관이 되는 것이지요. 어떤 사람에게 오래된
통증이 있다는 것은 그가 그 통증에 놀라지 않고, 그
통증으로 인해 다른 활동을 하는 데 지장을 받지 않는
다는 뜻으로, 통증을 더 이상 느끼지 않고, 고통이 그
의 삶의 리듬에 동화된 것입니다.

두 번째, 속임수를 써서 고통을 견딜 만한 것으로
만들 수 있습니다. 저는 어떤 식으로든 완화할 수 없
는 고통은 없다고 생각합니다. 고통을 완화하는 것은
배우는 것이 아닙니다. 신경과 의사나 일반의사가 처
방해주는 통증억제제가 있긴 합니다. 하지만 어떤 경
우에도 배움이라는 말은 전혀 의미가 없고, 배움을 제
공할 만한 어떤 것도 없지요. 단지 고통에 익숙해짐에
따라 더 이상 고통을 느끼지 못할 뿐입니다. 혹은 고
통을 견뎌내기 위해 필요한 대책을 찾았을 수도 있겠

그렇다면 고통을 겪는 법은 배울 수 있을까요?

(……)

배운다는 것은 환상이고, 배움이라는 단어는 은유입니다.

고통을 겪는 법은 배우는 것이 아닙니다. 우선 익숙해질 뿐이고 습관이 되는 것이지요.

지요…….

하물며 죽음을 배운다는 것은 터무니없는 일입니다. 『그리스도를 본받아』의 경우를 제외한다면 의미가 없지요. 저는 전혀 겪어보지 않은 것을 배우기 위해 그들이 무엇을 하고, 무엇에 대해 생각하고, 배우는지 모르겠습니다. 무언가를 배우기 위해서는 조금이라도 해보았어야 하므로, 고통의 경우에는 배운다는 것이 어쩌면 좀 더 의미가 있을지도 모릅니다. 하지만 죽음의 경우에는 무엇을 배우겠습니까? 이미 너무 늦은 것이지요……. 익숙해지기나 적응이라고 말하는 편이 더 낫습니다. 사람은 자신의 고통에, 익숙해진 고통에 적응하는 것입니다.

앞서 극도로 고통스러운 병에 대해 말했습니다만, 통증이 심한 경우에는 약물을 처방하는데 이는 환자 자신이 살아 있는지, 죽었는지조차 더 이상 깨닫지 못할 정도로 환자의 감각과 정신 구조에 영향력을 행사할 수 있다는 점에서 의학의 문제가 다시 제기됩니다.

그것은 특수한 경우라고 해야겠지요. 모든 경우에 동일하게 결단을 내릴 수는 없으며, 각 경우에 그만한 가치가 있는지에 따라 결정하게 됩니다. 환자의 능력과 그가 원하는 바를 볼 때 ─ 그가 위대한 인물이며 작품 하나를 완성하려 한다고 가정해보지요 ─ 그리고 환자의 고통이 일시적으로 완화될 수 있다고 생각되는 경우에 한해서 말입니다. 필요하다면 의사는 환자에게 고통을 완화하는 약물을 처방할 겁니다. 반대로 다른 경우에는, 이유 없이 훨씬 더 오랜 시간 동안 이어질 고난의 길을 늘리고 연장하며, 십자가를 지게 하는 것은 의미가 없을 것입니다. 의사는 각 경우에 판단을 내리게 되겠지만 미리 단정을 내리고서 말할 수는 없습니다. 환자가 고통을 견딜 수 있도록 필요한 약을 주겠다거나 반대로 더 이상 고통받지 않도록 고통을 끝낼 약을 주겠다고 하면서 말이지요.

아시다시피 삶의 많은 문제들은 전체적으로 상황을 고려하면서 해결됩니다. 저는 그 방식을 균형이라고 부르는데 균형, 균형 잡기는 저울 양쪽의 무게를 헤아리는 것이지요. 여기서 상황이란 병의 본질, 병을 치료할 수 있는 기술의 상태, 고통의 본질, 고통에 적응할 수 있는 가능성, 환자의 의지나 ─ 삶에 대한 의지 ─ 반대로 삶의 포기를 말합니다. 복잡하고 구체적이며 매우 미묘하게 차이가 있는 이 모든 상황에 더해 하나의 딜레마가 있습니다. 그 딜레마란 이런저런 의미에서 절대적으로 결단을 내릴 수 없는 상황을 고려해야 하는 것입니다.

누군가 질문할 때마다 저는 경우에 따라 다른 문제라고 답하고 싶어집니다. '경우에 따라'라는 것은 유기체의 생명 현상인 만큼 보다 복잡한 상황의 모든 요소를 고려한다는 것을 의미합니다. 다시 말해 세포로 구성되어 있는 유기체 내의 모든 기관 사이에는 밀접한 상호작용이 일어나고 조건의 총체도 몇몇 미묘한 차이에 직면하면서, 병 자체가 애매모호해지고 때로는 환자 자신이 아픈지조차 모르는 경우도 일어난다는 것입니다. 그것이 병의 모호함과 생의 존재 법칙, 병의 일과성—過性이라는 특징입니다. 어떤 의미에서는 바로 그 특성들이 의학 연구를 흥미진진하게 하고, 필연적으로 인간적인 문제로 만든다는 점에 주목해야 합니다.

저는 일반의학의 약화가 큰 불행이라고 생각합니다. 우선 환자들의 입장에서 보면 일반의들이 멀리 내다보지 못하는 수많은 전문의 집단으로 대체되는 것이지요. 따라서 안과 의사라면 각막만을, 피부과 의사라면 피부만을 보기 때문에 살아 있는 환자와 환자의 문제를 전체로서 판단하고 종합할 사람이 없게 됩니다. 그로 인해 모든 경우에 동일하고, 지나치게 단순하며 유일한 해결책을 조장하게 되며, 어떤 의미로든 우선 결단을 내리게 됩니다. 말하자면 의사들이 학술지를 덜 읽는 대신 호라티우스와 세네카의 책을 읽으면서 환자들을 진찰하고 그들의 문제를 이해하고 있었을 때에 임상적 견해를 구성하는 모든 것이 더 널리 퍼져 있었던 겁니다.

조금 전에 선생님의 책에서 "산 자는 죽지 않은 한 살아 있는 것이며, 마지막 순간까지 그러하다"는 구절을 인용했습니다. 생존 본능은 어느 정도까지 죽음 직전의 고통과 양립할 수 있을까요? 생존 본능과 고통 앞에서의 절망 사이의 변증법은 어떻게 작동할까요?

절망이란 글자 그대로의 의미로는 희망이 전무한 상태, 다시 말해 미래를 전적으로 포기하는 것으로서 거의 참을 수 없고, 견딜 수 없는 감정입니다. 대다수 사람들은 체험해보지 못한 것으로서 진실하지 않은 낭만주의 작가의 책 속에나 존재하는 것입니다. 시인이나 낭만주의 음악가처럼 '절망할' 수는 있지만……. 진실로 절망했을 때는 총으로 머리를 쏘는 수밖에 없겠지요…….

절망한 사람의 상황은 재현할 수도, 상상할 수도 없는 것입니다. 바로 그런 이유로 죽기 한 시간 전에 젊은이들이 쓴 『총살자들의 편지』Lettres de fusillés 모음집을 읽을 때마다 저는 항상 감동해서 눈물을 흘리게 됩니다. 그 편지는 자신의 예정된 죽음을 알고 있는 젊은이들이 쓴 것인데 그런 상황을 의식하고 있다는 것은 견디기 어려운 일이지요.

그리스도교도 젊은이라면 죽음 앞에서 무슨 생각을 할지 우리는 알 수 있지요⋯⋯. 한 공산주의자는 대의를 위해 죽는다고 생각할 수 있겠지요⋯⋯. 그런데 제 생각에 그런 절망은 거의 견딜 수 없는 것이고, 대개의 절망은 진실하지 않은 것입니다. 그저 허구적인 감정에 불과하지요. "나는 절망했어"라고 말할 때 절망을 말한다는 사실은 실제로는 그 순간에 절망하지 않은 것입니다. 아직 살아 있는 사람은 항상 좀 더 살 수 있을 거라는 희망을 지니고 있습니다. 그것은 삶의 고유한 특성이지요. 희망은 존재라는 사실에 단단히 고정되어 있지요. 구체적이라기보다는 철학적인 이야기가 되겠지만, 존재 안에는 자연히 존재의 연속이 있기 때문입니다. 존재 안에 존재의 중단은 포함되어 있지 않습니다. 존재의 중단은 밖에서 오는 것입니다. 고대인들이 생각했듯이 운명의 여신들이* 실을 끊

---

* 그리스 로마 신화의 운명의 여신들 클로토, 라케시스, 아트로포스는 각각
운명의 실을 뽑고, 배당하고, 끊는 역할을 맡아 인간의 운명을 결정한다.

어버리는 것이지요. 존재의 중단은 존재 자체와 무관한 것으로, 외부의 것이며 초월적인 것입니다. 존재는 그 자체의 부정을 함축하지 않지요. 부정은 다른 곳에서 오는 것이므로 당신이 병에 걸린다면 불운을 만난 것이지요. 그것은 항상 비본질적이며 외부의 것입니다.

따라서 절망은 그 자체로 존재와 매우 상반된 것으로서, 바로 죽음을 초래하거나 미리 자살하는 것입니다. 절망과 자살 사이에는 즉각적이고 직접적인 관련이 있으며, 해결책의 부재가 유일한 해결책이 됩니다. 절망한 사람은 자살하고 싶은 욕망만을 갖게 되기 때문이지요.

절망이 개념에 불과한 것이라면, 어떤 경우에도 생존 본능만 남게 되겠지요.

그렇지요. 저는 그렇게 생각합니다. 그리고 안락사가 허가된다 해도 실제로 안락사를 행할 사람은 거의 없을 겁니다.

그렇게 생각하세요?

저는 그렇게 생각합니다. 치명적인 병에 걸린 환자가 어떤 생각을 하는지 알기는 어렵겠지요. 하지만 그는 틀림없이 삶의 가능성에 환상을 품으면서, 누군가 그에게 거짓말을 한다고 생각하더라도 그 거짓말을 믿고 싶어 할 겁니다.

저는 몇 년 전에 의사들의 학회에 참석한 적이 있는데, 주제가 거짓말이었습니다. '거짓말을 해야 하는가? 사실대로 말하지 말아야 하는가?'였지요. 미국에서는 의사들이 있는 그대로 진실을 말하는 반면, 프랑스에서는 의사들이 사실만을 말하지는 않으며 거짓말을 합니다. 토론을 시작하면서 제 자신은 거짓말을 지지한다고 말했던 것이 생각납니다. 그들은 자신들도 마찬가지라고 하더군요. 그런데 일반적으로는 거짓말할 필요가 그렇게 많지는 않다고 덧붙이면서요. 환자 자신이 거짓말의 공모자가 되길 바라면서, 잠재의식에서는 거짓말을 매우 잘 이해한다는 거지요. 인간의 진실성 내에는 다수의 층이 있으니까요. 그렇지요? 자신에게 거짓말을 하는 것을 받아들이고 환상을 품기 때문입니다. 사실상 자신의 병은 별것 아닌 것에 불과할지도 모른다고, 즉 심근경색이라고 생각한 것이 늑골 통증이나 류머티즘일 거라고 생각하는 겁니다.

환자는 허구라는 것을 잘 알면서도 이와 같은 거

"나는 절망했어"라고 말할 때 절망을 말한다는 사실은 실제로는 그 순간에 절망하지

않은 것입니다. 아직 살아 있는 사람은 항상 좀 더 살 수 있을 거라는 희망을 지니고 있습니다.

그것은 삶의 고유한 특성이지요. 희망은 존재라는 사실에 단단히 고정되어 있지요.

죽음에 대하여

짓된 이야기와 헛된 생각으로 살아갑니다. 누군가가 자신을 속이려 한다는 것을 잘 알면서도 그 속임수에 합류하지요. 그는 생존 희망을 주는 처방과 가정을 믿고 싶어 하는 겁니다.

그런 태도는 항상 죽음에 대한 생각과 관련이 있습니다. 우리는 죽음을 두려워하지요.

사실 의학은 우리에게 기적을 믿도록 부추깁니다. 따라서 죽음을 두려워할 만한 근거가 있다고 볼 수 있지 않을까요? 그런 의미에서는 죽음을 두려워하는 것이 옳은 일이지요. 의학은 이 두려움에 책임을 져야 하고, 실제로 대단한 일을 할 수도 있습니다. 통계만 참고하더라도 알 수 있지요. 치유 불가능한 병의 수는 점점 줄어들고 있고, 일반적으로 치유 불가능한 병이라는 개념은 엄격하고 과학적인 개념이 아닙니다. 치유 불가능하다는 것은 대략적인 형용사일 뿐이고, 그 뜻은 바로 "대체로, 실제로, 사실상 당신의 병은 치료될 수 없습니다"라는 겁니다. 게다가 항상 참조해야 하는 시간, 진보, 진화, 역사적 차원으로 인해 불치병에 포함된 것들은 점차 감소합니다. 그러나 영원히 치유 불가능한 것이 있습니다. 그것은 병 중의 병인 죽음이지요.

122

병은 필연적으로 치료할 수 있습니다만, 죽음은 건강한 사람의 병입니다. 따라서 거기에서 우리의 주제를 다시 발견하게 되는데, 즉 죽음은 삶의 일부를 이루며, 삶에 본질적인 것입니다……. 가장 중요한 것은 역사적 차원, 진화, 진보, 인간이 위치한 시간성을 영속적으로 참조하는 것인데, 그렇게 함으로써 특히 인체에 관련된 문제일 경우에는 모든 상황이 변할 수도 있습니다…….

삶에 대한 집착에 대해 말씀하셨지만, 너무 그리스도교적으로, 너무 종교적으로 말하지 않도록 주의해야겠지요. 신학자들과 설교자들은 삶에 지나치게 매달리고, 집착하는 사람을 질책하지요. "죽는 법을 배우세요"라고 하면서요. 트라피스트 수도사들은 "형제여, 죽음을 기억합시다"라고 서로 말하면서 매일 조금씩 삽으로 자신들의 무덤을 팝니다.*

반대로 과학은 "죽음은 절대로 필연적이지 않다!"고 우리에게 말하지요. 나는 자유의지를 가지고 있으므로 이러저러한 이유로 죽기를 원한다면 그 권리와 가능성을 받아들여야 한다는 것입니다.

---

* 1098년 프랑스 시토에서 창립된 트라피스트 수도회는 성 베네딕토의 규율을 따르는 가톨릭 교회의 관상수도회로 엄률嚴律 시토회라고 한다. 기도, 참회, 침묵, 노동을 중시하는 엄격한 수행생활을 중시한다.

이론적으로 치유 불가능한 병이라는 개념은 의미가 없다고 말했지만, 우리는 역사적 차원에 처해 있고, 바로 현재 말하고 있는 것이므로 치료 무기가 없는 병이 존재한다는 점은 여전히 사실입니다. 인간은 진화의 어느 순간에 말하고 생각하고 문제를 제기하는 시간의 존재이므로 질병의 치료 가능성 여부를 고려하면서, 경우에 따라서는 죽음을 각각 달리 취급해야 합니다. 따라서 죽음은 역사적 상황의 결과일 수 있습니다. 역사와 시간성이 모든 것을 결정하는 겁니다. 환자를 포기할 필요성도, 치료할 가능성도 말입니다. 의사가 그 모든 상황에 지친 채로 간호사에게 다음과 같이 말하는 것을 상상해볼 수 있겠지요. "이건 어처구니없는 침울한 코미디예요. 약과 주사기를 정리하고 환자를 죽게 두세요." 결정은 그 순간, 그 시간의 역사적 상황에 따르는 겁니다.

요컨대 저는 특정한 시기의 의학, 의사, 질병, 환자의 역사적 상황에 따라 안락사에 찬성합니다. 문제되는 경우의 구체적인 특성에 따라서 말입니다. 모든 경우에 같은 방식으로 결단을 내릴 수는 없지요. 특히 시간성과 시간성이 초래하는 모호함 그리고 시간성이 부과하는 인간의 미묘한 차이들을 각각 달리 취급해야 할 겁니다. 인간은 시간의 존재입니다. 그러므로 모

든 경우에 무슨 일이 있어도 생명을 유지시키는 것이
나, 환자가 충분히 살았다고 평가하면서 생명을 중단
시키는 것과 같이 너무 추상적이거나 너무 단순한 모
든 입장은 문제의 복잡성을 가볍게 여기는 것입니다.
이는 비역사적이고 역사적이지 않은 해결책에 불과합
니다.

— 1974년 7월 7일, 미출간

육체, 폭력 그리고 죽음에 대한 불안

『어떤 육체?』에 실린 대담

서재에서. 1980년. 루이 모니에 사진.

죽음에 대한 불안은 왜 생겨나는 걸까요?

왜일까요? 제 생각에 죽음에 대한 불안은 종교의 가
르침이나 사람들이 흔히 하는 말과는 달리 내세에 대
한 불안이 아닙니다. 중세시대나 매우 종교적인 사회
에서는 그랬을지도 모르지만, 죽음에 대한 불안은 내
세가 아니라 한 상태에서 다른 상태로의 이행과 관계
된 것이라고 생각합니다.

　이 불안은 재현 불가능한 어떤 것, 누구나 최초이
자 최후로 겪게 되지만 실제로 겪어보지 못한 경험에
대한 것입니다. 완전히 다른 질서 또는 아무것도 아닌
것에 도달하는 경험이지요. 세상에서 가장 큰 고통이
라고 할 만한 무엇이 있을까요? 세상에서 가장 큰 변
형은 무엇일까요? '변형'transformation이란 단어 자체
에서 나타나듯이 한 형태에서 다른 형태로의 이행을
의미하는데, 죽음은 아예 형태의 부재로 옮겨가는 것
이므로 변형이라 하기도 어렵습니다. 그래서 죽음이
라는 관념은 재현될 수도 없고, 경험적으로 인식될 수
도 없습니다. 죽음은 완전히 다른 것이나, 아무것도 아
닌 것 혹은 무無에 도달하는 것입니다.

　따라서 죽음에 대한 불안은 내세에 대한 불안이
아닙니다. 내세에 대한 불안은 또 다른 삶, 사후의 삶,

129

현세보다 나을 수도 나쁠 수도 있는 다른 세상에 대한 불안이기 때문입니다. 저는 죽음에 대한 불안이 지옥에 대한 불안이 아니라, 그보다 훨씬 더 형이상학적이라고 생각합니다.

　죽음은 완전히 다른 것입니다. 이질적이라거나, 다르다고 말할 수도 없겠지요. 다름은 같음을 전제하고 있기 때문에, 즉 다름이란 같음의 질서 내에서의 다름을 전제로 하기 때문입니다. 예를 들어 당신에게 낯선 인종의 사람이나 한 번도 본 적 없는 기이한 동물을 대면하게 한다고 해도, 그것은 여전히 같음을 바탕에 둔 다름, 절대적인 다름에 불과합니다. 죽음은 어떠한 지표도 없는, 현세에서 그 무엇도 가리키지 않는 다름입니다. 그것은 일종의 절대적인 내세인데 종교는 그에 대해 아무 말도 해주지 않습니다.

교회와 국가가 죽음을 대하는 태도는 사회적 표상의 규준화, 장례 방식의 규제, 죽음에 할당된 사회 공간 구획 등으로 나타납니다. 그 태도에 대해 어떻게 생각하십니까?

　바로 그렇지요! 교회가 아무리 신자를 공포에 떨게 하거나 불안하게 만들고, 지옥의 형벌을 예고한다고 해도, 교회가 죽음을 대하는 태도는 본질적으로는 신자를 안심시켜주는 것입니다. 어쨌거나 현세와는 확실히 다른 내세가 존재한다는 의미이므로 안심할 수 있는 겁니다. 이는 고대 그리스 종교에서 죽은 자가 '강'*을 건널 때 카론이 그를 배에 태워 강 저편의 연안으로 실어다주는 것과 마찬가지입니다. 죽은 자는 미지의 땅 위에 서 있게 되지만, 그곳을 아직 알지는 못합니다. 그는 먼 여정을, 가장 머나먼 여정을 떠나게 됩니다. 이제 그는 떠납니다. 그 어느 때보다 기나긴 부재, 영원한 부재가 되겠지요.

그런데 여기서 부재니 여정이니 하는 단어들은 경험에 의거한 개념이지요. 죽은 자는 달이나 까마득히 멀리 있는 은하계가 아니라 또 다른 세계, 즉 타계 l'Autre-Monde로 떠나는 것입니다. 보시다시피 죽음을 표현하는 용어조차 제대로 갖추어지지 않았습니다. 우리가 사용하는 모든 단어는 경험적인 것입니다. 타계라는 단어만 보더라도 '세계'와 '다름'이 결합된 것으로서, 현세와는 매우 다르지만 여전히 하나의 세계라는 점을 가리킵니다. 사후의 삶 sur-vie이라는 단어도 현세의 삶과는 다르지만, 그 또한 삶이라는 것을

---

* 그리스 신화에 따르면 죽은 자는 저승의 강인 스틱스 강에서 뱃사공 카론이 태워주는 배를 타고 저승으로 가게 된다.

가리키지요. 어떻게 해야 할까요? 우리의 언어는 변형 transformation, 변환transmutation, 변모métamorphose 등의 단어에서처럼 접두사, 접미사를 사용해도 변화를 경험적인 방식으로밖에 표현하지 못합니다. 어느 상태에서 다른 상태로의 이행이라는 식으로 말입니다.

　죽음은 다른 것으로의 이행이 아니라, 아무것도 아닌 것으로의 이행입니다. 더구나 그것은 이행이라고 할 수 없는 것으로, 끝없이 이어지는 것이며, 바깥이 없는 창문과도 같습니다. 그러므로 우리의 생각은 죽음을 상상해보려 할 때마다 실패하고 자멸해버리고 맙니다. 왜냐하면 생각은 지각과 마찬가지이기 때문입니다. 종교가 구성해내는 모든 것의 목적은 그처럼 경험과 무관하며 생각을 박살내고 없애버리는 그 무언가를 경험적인 것으로 만드는 일, 즉 '경험화하기'입니다. 아무것도 아닌 것에 대한 생각은 아무런 생각도 아닌 것이기 때문입니다.

　본래 생각은 개념들을 서로 연결하고 이미지들을 서로 연결하면서 그것들을 비교하고 차별화하려 하므로, 아무것도 아닌 것을 생각하려 하면 생각 자체가 무효화될 뿐입니다. 따라서 차이, 비교 등의 말들은 우리가 이어지는 두 개의 대상 사이에 위치하고 있음을 함축합니다. 그러나 죽음은 그 자체로 특이하고 괴물 같은 것입니다. 아무것에도 관련되지 않으므로 말 그대로 생각할 수 없고, 불합리한 것으로……. 그걸 뭐라고 부르든 말이지요!

　다른 한편으로 죽음에 대한 태도라는 말이 성립되는지도 자문해볼 수 있을 겁니다. 태도라는 단어 역시 무언가를 지속하는 것을 전제하고 있기 때문이지요. 권력에 대한 나의 태도 또는 국가나 부정한 세력에 대한 나의 태도는 무엇인가? 나는 나름의 태도와 삶의 방식을 형성하겠지만, 죽음에 대해 내가 할 수 있는 최선은 아예 그것을 생각하려 하지 않는 것입니다. 왜냐하면 무엇보다도 죽음 그 자체에는 우리가 생각할 것도, 말할 것도 없어서 담론과 생각을 벗어나버리기 때문입니다. 따라서 죽음에 대한 태도는 아무 소용이 없는 것입니다.

　일반적으로 죽음에 대한 태도라는 것은 ― 살아 있는 보통사람에게는 꼭 필요한 인류학적이고 사회적인 개념으로서의 태도 ― 아무 말도 할 수 없는 죽음 그 자체가 아니라, 죽은 이들을 다루는 방식과 관련된 것입니다. 그런데 우리는 죽은 이들을 어떻게 하지요? 장례식을 준비하고, 매장할 장소를 구하고……. 그 장소는 공동묘지라고 부르는 공원으로서 그 안에는 무덤들이 (공원의 잔디밭처럼) 가지런히 정렬되어 있

고, 묘지 관리인이 있으며, 무덤마다 번호가 부여되어
있습니다. 이 모든 행위들이 나타내는 부질없음을, 공
동묘지라는 공간의 부질없음을 생각해보면 참 어리석
은 일들이지요.

고대 이집트에서는 죽은 사람을 방부 처리해서 석
관에 넣어두었습니다. 레닌의 시신은 미라로 만들어
져 영묘에 안치되었지요. 어떤 부족들은 시신을 야외
에 두는 반면에 그리스도교 문명에서는 육체의 부활
을 대비해 훼손을 방지하고자 시신을 땅에 묻습니다.
다른 문화권에서는 시체를 화장 처리하지요. 장례 방
식과 사회 구조 사이에 일정한 연관이 있다고 보십니
까? 그리고 어떤 점에서 시신을 다루는 다양한 방식
들이 육체성 개념의 차이들을 나타낸다고 말할 수 있
을까요?

목적은 모두 같습니다. 사람들을 안심시키는 거지요.
시체를 처리하는 방법이든 그것의 조직 방식이든 사
람들을 안심시키려는 의지가 근본적으로 반영되어 있
습니다. 그 각각의 방식들에는 사람들을 안심시키고,
죽은 자들을 동화하여 산 자와 죽은 자를 통합하고자
하는 바람이 있습니다. 이는 죽은 자들과 함께 살기로

서, 장 지글러Jean Ziegler(1934~)*의 책에서도 조금 엿
볼 수 있는 주제지요.

요즘에는 다소 잊혀졌지만 종교를 적용한 철학이
있었습니다. 오귀스트 콩트의 철학인 인류교**가 그
것입니다. 콩트는 "인류는 살아 있는 자들보다 더 많
은 죽은 자들로 이루어졌다"고 말했는데, 그 말은 사
실 아무 의미도 없습니다. 멋지긴 해도 의미는 없는
말이지요. 인류교는 죽은 자들을 숭배하고, 역사적 위
인들의 이름을 딴 달력으로 그리스도교력을 대체했습
니다. 예를 들어 오늘은 샤를마뉴 대제 달 5일이 되는
식이지요. 실증주의력***은 이처럼 죽은 자들을 활용
하는 한 방식이었습니다. 사실 실증주의는 매우 쉽게
다룰 수 있는 개념들을 추구했는데, 죽은 사람만큼 다
루기 쉬운 것도 없지요. 죽은 자들은 순종적이고 어떤
말이든 시키는 대로 모두 말하므로 그저 이용하기만
하면 그만이지요. 게다가 그들이 묻혀 있는 공동묘지
는 항시 잘 정돈되어 있는 정원으로, 죽은 자들이 일

---

* 스위스의 사회학자이자 유엔 인권위원회 자문위원. 본문에서 장켈레비치
가 언급한 책은 『산 자와 죽은 자』Les vivants et les morts(1975)로 보인다.
** 프랑스의 철학자 오귀스트 콩트Auguste Comte(1798~1857)가 창시한
종교.
*** 오귀스트 콩트가 1849년에 만든 달력. 1월부터 13월에 각각 역사적 인
물인 모세, 호머, 아리스토텔레스, 아르키메데스, 카이사르, 성 바울, 샤를마
뉴, 단테, 구텐베르크, 셰익스피어, 데카르트, 프레데릭, 비샤가 지정되었다.

어나 무덤을 어지럽히는 법도 없으며, 길게 뻗은 대로
들과 잘 정렬되어 대칭을 이룬 소로들이 직각으로 교
차되어 있어 우리는 찾고자 하는 무덤을 언제든 찾을
수 있습니다. 인간의 도시에서 묘지보다 더 정연한 장
소는 없습니다.

시체를 다루는 다양한 방식들은 아마도 문명과
종교에 따라 육체가 다른 방식으로 이해된다는 점을
의미할 겁니다. 서양에서 시체를 다루는 법과 시체를
바라보는 방식은 그리스도교로부터, 예컨대 죽은 자
의 부활이라는 관념에서 영향을 받은 것이 틀림없습
니다. 종교사학자가 아니므로 주저하며 하는 말이지
만, 저는 상당수의 종교가 시체를 혐오한다고 생각합
니다.

예를 들어 유대인들은 서둘러서 시체를 수습해
묘지에 매장합니다. 그들에게는 그리스도교에 특유한
일종의 시체 애호증이 전혀 보이지 않지요. 반면 그리
스도교에는 이 성향이 강하게 나타납니다. 이는 그리
스도교 문명의 특징 중 하나로서 시체를 혐오하는 다
른 종교들도 영향을 받았을 정도로 중요한 비중을 차
지하고 있습니다. 사실 유대교도들까지도 상당히 그
리스도교화되었는데, 이런 관점에서 유대교의 그리스
도교화를 연구하는 것도 흥미로울 겁니다. 다만 저는

그리스도교에든, 유대교에든 정통하지 못해 주저하면서 말하고 있습니다.

가령 그리스도교에는 죽은 자의 얼굴을 본떠 데스마스크를 만드는 관습이 있는데 끔찍하게 보일 수도 있겠지요. 혹은 손을 본떠서 탁자 위에 두기도 합니다. 그런데 우리의 무의식 깊은 곳에서는 데스마스크에 혐오감을 느끼면서도 거기에 익숙해지면 그것을 아름답다고 여기게 됩니다. "아! 정말 아름답군요!"라고 하며 감탄하지요. 하지만 사실이 아닙니다. 사진에 찍힌 모습을 보며 말합니다. "그는 참 아름다워요!" 예컨대 임종을 맞은 마르셀 프루스트의 사진······. 그것은 누군가 찍은 사진이지요. 끔찍한 수술을 받은 후에 머리에 붕대를 감고 있는 모리스 라벨을 친구가 그린 데생을 보면서도 그렇게 말합니다. 요컨대 산 자의 얼굴보다 훨씬 아름다운 데스마스크에 대한 불건전하고 병적인 편집증이 존재한다고 할 수 있습니다.

질문에서 언급하신 레닌의 미라는 반그리스도교적이고 유물론적인 사회 체제에 그리스도교가 끼친 영향을 보여주는 좋은 예입니다. 가로누운 형태의 횡와상橫臥像은 고대 이집트인들이나 그리스도교인들이 만들던 것으로, 레닌의 횡와상은 그리스도교로부터 영향을 받은 것이 틀림없습니다. 러시아에서는 정교회라는 그리스도교 교파의 영향력이 매우 강합니다. 그렇다고 해서 정교도들이 가톨릭교도들만큼 시체에 애착을 갖는 건 아니지만요. 이 애착은 가톨릭교의 특징입니다. 가톨릭교도는 시체 애호 성향을 띠고 죽은 자와의 소통을 중시하며, 살아 있는 사람보다는 시체에 더 애정을 쏟습니다. 그리스도교의 신학적·교리적 기반을 이루는 것은 죽은 자들의 부활이지만, 그 외에도 죽음을 추앙하는 종교, 죽음을 사랑하는 종교라 할 만한 측면들이 존재합니다. 이는 그리스도교 문명의 여러 특징들, 즉 죽음에 대한 사랑, 죽은 자들에 대한 사랑, 죽음에 대한 호기심, 끔찍한 것들에 대한 호기심으로 나타나지요. 제가 보기에는 인간이 마땅히 멀리해야 할 성향들입니다. 그리스도교도는 시체와 헤어지는 것을 서두르지 않습니다. 시체와 함께 사는 것도 문제가 없겠지만 다행히도 시체는 악취를 풍기기 시작합니다. 그러니 치울 수밖에 없지요.

　　죽음의 아름다움에 대해 이야기하기도 하지만……. 죽음은 아름답지 않고 끔찍하고 추하며, 인간 본성에 반하는 것입니다. '본성에 반한다'는 말에 조금이라도 의미가 있다면 죽음을 사랑하는 것, 다시 말해 자기 자신에 반대되는 것, 자기의 부정을 사랑하는 것만큼 본성에 반하는 일은 없겠지요. 그런데 자기의 죽음에 대한 불안은 이를 더 생각할수록, 우리에게 이것이 더 가까이 있을수록 커집니다.

부정에 대한 사랑은 전쟁, 폭력, 야만을, 사랑의 종교
와는 반대되는 야만성의 온갖 측면을 설명해줍니다.
그리스도교는 사랑의 종교지만, 역설적으로 그와는
상반된 이면, 어둠에 가려진 또 다른 얼굴을 갖고 있
습니다. 죽음에 대한 사랑이지요.

유럽 문명과는 달리 어떤 문명권에서는 죽음을 비극
적인 사건이 아니라 축제의 기회로 여깁니다. 이를 어
떻게 이해해야 할까요? 그처럼 공동체 속에서 죽거나
한 집단을 대표해 죽는 것과 홀로 죽는 것은 다른 의
미를 지닐 것 같습니다.

그런 풍습들도 동일한 목적과 연관이 있다고 생각합
니다. 인간 운명의 거대한 수수께끼인 죽음은 끔찍하
고 두려운 것이므로, 인류의 여러 문명들은 저마다 죽
음을 친숙하게 만드는 다양한 방법들을 갖고 있습니
다. 그렇지만 종교적 심성이 있든 없든 결코 해결되지
않는 근원적인 신비, 궁극적으로는 희망일지도 모르
는 죽음의 신비가 있습니다. 따라서 이 신비를 인간이
수용할 만한 것으로, 살아볼 만한 것으로, 친숙한 것으
로 만드는 일이 중요해집니다.
　　오귀스트 콩트 같은 실증주의자는 죽은 자들을

숭배하는 종교를 통해서, 그리고 멕시코 같은 곳에서
는 데스마스크, 정강이뼈 그림, 해골 등의 끔찍한 모
양을 한 것들을 아이들 장난감으로 삼고 유희를 즐기
면서 죽음의 신비와 친숙해집니다. 멕시코의 몇몇 축
제에는—장 지글러처럼 이런 문화를 연구한 인류학
자가 여기 있었다면 좋았겠지요—아이들에게 설탕
으로 만든 해골 사탕을 선물하는 풍습이 있습니다. 아
이들은 그 사탕을 맛있게 깨물어 먹지요. 사실 멕시코
는 유럽에서 그다지 멀리 떨어져 있지 않지만 지금까
지 유럽의 문명은 이런 종류의 장난감이나 사탕을 역
겨운 것으로 여기며 금하고 있습니다. 하지만 그런 풍
습은 죽음을 친숙하고 수용할 만한 것으로 만들어 그
것을 사탕처럼 깨물어 먹을 수 있게 하는 방법입니다.
해골 사탕을 먹으면 병에 걸리지 않는다는 식으로 말
이지요. 그렇게 죽음은 막대사탕처럼 달고 맛있는 것
이 됩니다.

　다른 한편으로 미국인들이 죽음을 다루는 방식에
는 우스꽝스러운 문화가 있습니다. 묘지에는 음악이
흘러나오고, 감미로운 향이 퍼져 있으며, 유족 대기실
이 마련되어 있다고 하지요. 말하자면 장례업자가 이
득을 보고 많은 돈을 벌어들일 수 있는 서비스들이 제
공됩니다. 때로는 시신을 방부 처리한 후에 손에 만년

필을 쥐어주는 식으로 고인이 생전에 좋아했던 자세 등으로 연출해놓기도 합니다. 여기서 우리는 죽음이 삶을 흉내내고 있는 끔찍한 모습을 보게 됩니다. 혼란과 절망에 대한 두려움에서 비롯된 인간의 어리석음은 이처럼 다양한 형태로 나타납니다. 이 모든 것이 첫 번째 질문인 그 근본적인 질문과 관련됩니다. 죽음에 대한 불안은 이를 더 생각할수록, 우리에게 이것이 더 가까이 있을수록 커집니다. 그래서 죽음이라는 끔찍한 것과 친숙해짐으로써 그 불안을 없애려 하는 것입니다.

신체 건강한 상태로 죽음에서 멀리 떨어져 있어 죽음을 눈앞에 두고 있지 않은 사람은 (우리 모두는 죽게 되지만 그것은 먼 장래의 일이지요) 죽음을 우선적으로 생각하지 않습니다. 반면에 홀로 죽어가는 노인의 경우, 죽음에 대한 불안은 더 클 수밖에 없을 겁니다. 어쨌든 죽음을 앞둔 사람의 정신 상태가 어떤지, 다소 불안해하는지 여부를 알 수는 없겠지요. 다만 홀로 있을 때 죽음에 더 불안해하는 것은 당연하고 정상적인 현상으로 보입니다. 죽음을 홀로 맞지 않도록 사람들로 북적거리게 하려는 것은 이런 이유가 있습니다. "인간은 홀로 죽는다"라는 파스칼의 말을 들어보셨을 겁니다. 홀로 죽는다는 것은 끔찍한 일입니다.

그것을 피하기 위해 다른 이들과 함께 있는 가운데 수다라도 늘어놓으면서 죽는 겁니다.

소크라테스의 죽음을 묘사한 플라톤의 『파이돈』은 당시 그리스인들이 죽음을 어떻게 생각하고 있었는지를 들려주는데, 이 대화편은 아주 긴 수다라고 할 수 있습니다. 거기 등장하는 인물들은 이런저런 한담을 나누면서 철학적 성찰을 하려 합니다. 그러다가 소크라테스는 친구들에게 둘러싸인 채 독주를 마시고 죽습니다. 그는 죽은 뒤 바로 축복받은 자들의 섬으로 가서 대화를 다시 시작하게 됩니다. 그 섬에서 그를 기다리고 있는 고대 현인들을 만나 철학적 토론을 이어가는 겁니다. 그것은 끊임없는 기나긴 수다지요. 또한 『파이돈』에는 "많은 사람들이 모여 있었다"라는 구절이 나옵니다. 플라톤은 이 대화편의 시작 부분에서 사형 선고를 받은 소크라테스가 아직 독주를 마시기 전, 그의 주변 인물들을 묘사하는데, 거기 있었던 소크라테스의 친구들에 대해 이야기하면서 "몇몇 사람이 아니라 많은 사람들이 모여 있었다"고 서술합니다. 그것은 무리 가운데서 수다를 나누면서 죽음을 맞이한 경우입니다. 소크라테스의 죽음은 철학적 죽음으로서, 그는 죽음을 의식하며 죽습니다. 그는 자신이 축복받은 자들의 섬에 받아들여져 보상을 받게 되리라고 믿으면서 죽습니다. 보상이라는 개념은 전혀 그리스적이지 않으며, 오히려 그리스도교적 개념에 가까운 것이지만 말입니다.

죽음에도 계급이 존재할까요?

문명화된 국가나 문명화되었다고 믿는 국가에서 한 사람의 죽음이 그 사회의 일환에 들어간다는 점은 놀라운 일이 아닙니다. 개인의 죽음은 신분증명서와 관련된 현상이면서 사회적 삶과 연결되어 있는 현상이므로 계급적 현상이기도 합니다. 예전에는 사망자를 신분에 따라 1급, 2급, 3급으로 등급을 매겨 장례를 치렀지만, 오늘날에는 누구나 멋진 영구차를 선택할 수 있습니다. "어떤 등급으로 죽는 것을 원하시지요? 1급으로 하시겠습니까?" 실소를 자아내는 이 장면이 계급화된 죽음의 한 단면이지요. 민중시가 가난한 자들의 영구차를 노래하고, 통속소설이 공동묘혈을 서민 대중의 표상으로 사용하는 데에는 그럴 만한 이유가 있는 것입니다.

　부자들의 죽음은 다릅니다. 장례식의 등급화라는 이와 같은 관점에서, 계급화된 죽음은 불안을 달래주는 범주들까지 도입합니다. 예를 들어 장의사는 이렇

홀로 죽는다는 것은 끔찍한 일입니다.

그것을 피하기 위해 다른 이들과 함께 있는 가운데 수다피리도 늘어놓으면서 죽는 겁니다.

게 권하지요. "참나무 관이 더 편안하실 겁니다. 머리를 놓는 뒤쪽 부분은 솜털이 들어 있습니다!" 그것은 마치 "침대차를 타시는 게 좋을 거예요!"라고 권하는 것과 같습니다. 이런 것들이 사람들의 불안을 덜어줍니다. 물론 그 장의사에게 이렇게 말할 수도 있겠지요. "죽음 앞에서는 재산이 많든 적든 간에……. 거대한 평등이 불평등 가운데 일어나는 것이지요." 부자든 가난한 자든, 벌레들이 그 둘을 똑같은 방식으로 파먹기 마련이고, 한 사람은 일주일 후에, 다른 사람은 그보다는 좀 더 늦게 시작되긴 하겠지만, 영원한 시간 속에서는 큰 차이가 없습니다. 또한 큰 묘비를 세워둔 웅장한 능 속에 뼛조각으로 남게 되는 사람의 처지가 공동묘혈에 묻힌 가난한 자의 처지보다 더 좋은 것은 아니지요. 모든 불평등 사이에서 거대한 평등을 이루게 되는 것이 죽음입니다.

몇 년 전부터 '시험관 아기'가 화제가 되었는데 그것은 '장기 이식'이나 '수명 연장 시술' 등에 관련된 문제입니다. 그 현상들은 한편으로는 죽음에 대항한 투쟁의 역사적 경향성을 나타내고, 다른 한편으로는 인체에 대한 전적인 통제가 가능한 육체의 '유토피아'를 반영하는 듯합니다. 육체의 기술화, 전적인 과학화에 대해

서는 선생님의 연구와 관련해 어떤 견해를 갖고 계십
니까?

장기 이식 문제와 관련해서는 논란되던 당시에 자료
조사를 조금 해보았습니다만, 거기서 고려해야 할 것
은 죽음의 문제가 아닙니다. 그것은 의사들에게 맡겨
두어야 할 문제입니다. 우선 그리스도교 문명과 여러
종교에서 유래한 온갖 지어낸 이야기와 선입관과 장
기 이식 문제를 완전히 분리해야 합니다.

　예를 들어 다른 사람의 심장을 몸에 이식하는 일
이 신성모독이라는 것은 터무니없는 생각입니다. 모
든 이식 수술에 있어서 유일한 문제는 이식이 성공할
것인가, 이식이 효과가 있을 것인가의 여부, 거부반응
을 막을 수 있는 방법이 무엇인가, 이것이 전부입니
다! 이 문제 외에 심장이 자신의 것인가 아니면 작년
에 사망한 조제프의 것인가라는 문제는 별것 아닌 일
에 불과하며, 그 외에 다른 문제들도 선입관일 따름입
니다. 심장은 박동하는 근육으로서 동맥으로 혈액을
보내는 기관일 뿐입니다. 따라서 과학적 연구를 막는
모든 선입관을 경계해야 합니다. 아무런 근거 없는 종
교적 선입관에 구애받지 않고, 인간의 수명을 연장할
수 있는 모든 방법을 시도해보아야 합니다.

　그런데 때로는 비유를 통한 문제 제기가 이루어지기도 합니다. 알 수 없는 미래에 내가 피에르라는 다른 사람의 심장과 자크의 위장, 또 다른 누군가의 간을 이식받는다면……. 거의 불가능한 일이라고 생각합니다만, 여하튼…… 그때에도 여전히 나라고 할 수 있을까라는 질문인데, 당연히 나입니다! 신체기관은 인간이 아닙니다. 장기를 이식하게 되면 아마도 전과 달라진 전반적인 신진대사와 혈액 구성에 변화가 일어나겠지만……. 그럼에도 나는 여전히 나입니다. 나는 다른 존재로서, 신체기관이나 장기의 집합이 아니기 때문입니다. 현재의 기술 수준은 모든 신체기관을 바꿀 수 있을 정도로 발전하지는 못했습니다. 그러나 그런 전체적인 변형이 일어나고, 그로써 나의 신체적 특이성과 정신에 영향을 미치고, 때로는 정신을 전적으로 변화시키더라도 나를 다른 것으로 변화시키지는 않습니다. 달라졌지만 여전히 나입니다. 장기 이식을 전혀 받지 않은 사람이 자기의 신체기관을 그대로 유지한 상태에서 완전히 다른 사람으로 변하는 경우도 있습니다.

　이처럼 장기 이식과 관련해서는 너무도 많은 선입관들이 있으며, 의사들도 그리스도교를 믿는 어떤 이들은 어떤 의료행위들은 신성모독이라 여기며 회피

합니다. "대천사의 나팔이 죽은 자들을 무덤에서 깨우는 그날, 내가 어떻게 친구의 간을 손에 든 채 최후의 심판에 출두할 수 있겠습니까!" 우스꽝스러운 이야기지요! 다른 사람의 신장腎臟을 이식받게 되면 사람이 변하게 된다고 생각해서는 안 되며, 신장 이식은 전혀 신성모독이 아닙니다.

특히 '신성모독'은 배제되어야 할 표현입니다. 심장心臟의 경우, 아주 먼 옛날부터 수많은 신화와 표상이 엮여 있으므로 신성모독이라는 생각이 곧바로 떠오르게 됩니다. 그렇지만 심장은 결국 근육에 불과하며 그뿐입니다! 심장은 펌프처럼 작동하지요. 장기 이식에 대한 그 모든 선입관에는 그와 관련된 금기, 신성모독 등의 단어들이 가리키듯이 신화적인 이야기들로 가득 차 있습니다.

선생님께 사형이란 무엇을 의미합니까? 그리고 혁명 정부라면 프랑코*나 피노체트** 같은 사람들을 처형할 권리를 가질 수 있다고 생각하십니까?

* 프란시스코 프랑코Francisco Franco(1892~1975). 에스파냐의 독재자. 군대, 가톨릭 교회, 팔랑헤당의 지지하에 파시스트 정권을 수립, 36년간 집권했다.
** 아우구스토 피노체트Augusto Pinochet(1915~2006). 칠레의 독재자. 군사 쿠데타를 주동해 살바도르 아옌데 정권을 붕괴시키고 17년간 대통령으로 집권했다. 반대세력에 대한 가혹한 탄압으로 이후 기소되었다.

사형은 폭력의 사용이라는 딜레마의 문제입니다. 폭력에 대항해 폭력을 행사해도 괜찮을까요? 제가 최근에 참가했던 집회에서는 함께 행진하던 젊은이들이 '파시스트의 폭력에 민중의 폭력으로 맞서자'라고 주장하더군요. 즉 폭력에 대항하는 폭력은 정당한 권리라는 겁니다. 폭력에 대해 폭력으로 대응한다는 것은 분명 모순적인 일입니다. 그러나 인간의 조건, 힘의 우열관계, 인간의 유한성 등을 고려할 때 우리는 무구할 수 없고 완전히 일관되고 투명하게 행동할 수도 없으며, 예컨대 악한 사람들 스스로 악하다는 점을 인정하게 할 수도 없습니다. 이러한 상황에서 폭력에 대항하는 폭력이 허용되는 것입니다.

　제 개인적인 생각이지만, 폭력을 완전히 배제하고 악에 대한 저항을 포기했어야 한다면 — 톨스토이나 간디가 강조하듯이 악에 저항하지 않음으로써 악을 이겨냈어야 한다면 — 우리는 독일 점령군에게 저항하지 않았을 테고, 지금쯤은 모두 나치가 되었을 겁니다. 제가 역사를 잘못 알고 있는 게 아니라면 말이지요! 당시에는 무기를 드는 것 외에는 다른 방법이 없었고, 그것이 신성한 의무였습니다. 신성하다는 이 신화적 표현보다는 차라리 부인할 수 없는 의무라고 하는 게 좋겠지요. 상황에 순응하지 않고 점령군에 맞서 무기를 들어야 한다는 절대적 의무가 우리를 살아 있게 하고 존재하고 살아남을 수 있게 했던 것입니다. 그러므로 악에 대한 무저항주의라는 명목에서 폭력에 저항하지 않는 것 그리고 죽지 않기 위해 폭력에 저항하는 것이라는 두 가지 모순 중에서는 후자가 더 낫습니다. 다시 말해 살아남는 것이 우선으로서 일단 살아남은 후에 후일을 도모하는 거지요.

사형도 폭력에 대한 폭력으로서 매우 까다로운 딜레마입니다. 두 개의 선택지 중 어느 쪽에서든 다른 한 가치가 심각하게 문제시되는 딜레마지요. 한 경우에는 폭력에 대항해 폭력을 사용함으로써 스스로 폭력적이게 되는 것이고, 다른 경우에는 폭력에 저항하지만 폭력을 쓰지 않는 것입니다. 저항의 형태들 중 상당수가 실제로는 폭력에 해당하면서 폭력이라고 밝히지 않는 것입니다. 폭력에는 치명적 폭력과 그렇지 않은 폭력이 있지요. 간디가 주장했던 시민 불복종도 폭력입니다. 그가 영국 점령군에게 사랑을 내세운 것은 아니지 않습니까? 이와 같은 종류의 폭력 형태는 상당히 많습니다. 무저항의 여러 형태들 중 실제로는 폭력인 경우가 존재하는 것입니다.

이런 관점에서 보면 폭군을 처형할 권리에서 나오는 모순은 아주 사소한 것에 불과합니다. 살인을 금

하는 원칙을 위반해가며 폭군을 처형하는 것은 우리
의 목숨을 빼앗을 뿐만 아니라 어쩌면 나라와 사회까
지도 아주 오랫동안 절멸해버릴지도 모를 폭군을 용
인하는 것보다는 덜 모순적입니다.

　다행히도 나치즘의 지배는 4년 만에 끝났지만 히
틀러는 "나치즘이 유럽을 천 년간 지배할 것이다"라
고 말한 바 있지요. 그렇다면 어떤 것이 더 나은 선택
이었을까요? 이러저러한 도덕적 원칙을 생각해서 나
치즘을 방관했어야 할까요 아니면 나치즘에 폭력적으
로 저항했어야 할까요? 전쟁 중에 비폭력을 설교하던
사람들, 실은 그저 배반자에 불과했던 그들에게 우리
는 이 질문을 반복해서 제기했습니다. 그들에게 비폭
력은 하나의 구실일 뿐이었지요.

　단순한 가정이지만, 도덕 원칙이 지배하는 세계
에서, 즉 현실과 달리 인간이 완벽하다면 모든 형태
의 폭력에 반대할 겁니다. 피노체트를 다른 사람들처
럼 포옹하고, 불쾌하지 않다면 프랑코도 껴안으며 친
구로 삼을 것입니다. 그러나 우리는 폭력의 세계에서
살고 있으므로 폭력의 근원을 제거할 수 있을 만큼만
최소한의 폭력을 선택하게 됩니다. 저는 이것이 매우
단순하고 명확한 현실이라고 생각합니다. 이를 우리
가 우리의 원칙을 거스르는 것이라고 말할 필요는 없

습니다. 그것은 원칙에 반대하는 것이 아니라, 사랑과 용서의 힘으로 적을 설득한다는 톨스토이의 이상이 우스꽝스러운 양떼의 울음소리로 들리는 세상에서 우리가 할 수 있는 최선을 다하는 것일 뿐입니다.

사형 집행에는 가로테˙, 단두대, 가스실, 전기의자, 교수형, 총살 등 다양한 방법들이 사용됩니다. 그 처형 방식들은 신체나 다른 무엇에 대한 환상에서 비롯된다고 볼 수 있을까요?

가능성이 충분한 견해지만 그에 대해서는 아주 정밀한 민족학적, 인류학적 연구가 뒷받침되어야 하겠지요. 가로테처럼 특히 야만적인 형태가 있다는 점은 분명합니다. 가로테는 사형수를 고문하지요. 죽음에 고문까지 더해진 것입니다. 어떤 야만적인 정신은 사형수를 단번에 죽이는 일은 너무 쉽고 고통을 제대로 주지 못한다고 여기기 때문입니다. 가로테 형을 당하는 사형수가 사망하기까지 때로는 10분에서 15분이 걸리기도 하는데, 카탈루냐인 푸이그 안티흐Salvador Puig Antich(1948~1974)˙˙의 경우는 12분이 걸렸다고 합

˙ 사형수의 목을 가로테garrote라는 형틀의 끈에 고정시키고 조임쇠를 돌려 질식사시키는 사형 방식으로 에스파냐에서 주로 사용되었다.

니다. 심지어는 사형집행인이 제멋대로 그 시간을 늘
릴 수도 있다고 하니, 정말 잔혹하지요!

고문이라는 신체적 또는 정신적 가혹행위라는 제도를
어떻게 생각하십니까? 고문이 정당화되는 경우가 있
을까요?

철학적으로 진지하게 다룰 문제는 아니라고 봅니다.
고문은 어떤 경우든 혐오스러운 것일 뿐이고 거기에
는 어떤 정당성도 있을 수 없습니다. 중요한 정보 획
득을 위한 경우일지라도 어떤 정당성도 가질 수 없습
니다. 그것은 명확한 사실이므로 이론의 여지가 없다
고 생각합니다.

국가권력은 개인 신체에 가하는 폭력에 얼마나 의존
하고 있을까요?

국가권력은 폭력에 기반하고 있다는 무정부주의자들
의 주장에는 근거가 있습니다. 사회 계약이라는 개념

●● 에스파냐에서 교수형으로 처형당한 마지막 사형수. 독재자 프랑코 정권
하에서 무정부주의 활동을 했으며 활동 자금을 마련하기 위해 은행 강도를
자행하다 체포되어 1974년 처형되었다.

자체가 폭력, 억압, 일정한 제약과 감독의 수용을 전제
로 하고 있기 때문이지요. 우측통행은 금지하고 좌측
통행을 강제하는 것도 한 사례겠지요. 이런 종류의 작
은 폭력은 극히 미세하고 전혀 과격하지 않은, 말하자
면 무미건조한 폭력이라 할 수 있습니다. 국가는 이와
같은 작은 폭력을 가하는데, 이 사소한 단계에서도 폭
력의 딜레마가 되풀이되고 있습니다. 즉 국가는 사회
적 공존에 필수적인 규칙들이 준수되도록 개인에게
폭력을 행사하고 있는 것입니다.

혁명적 폭력에 대해서는 어떻게 생각하십니까?

혁명적 폭력은 극악한 폭력에 대항한 투쟁에서 정당
성을 갖습니다. 철학적 관점에서 볼 때 혁명적 폭력의
도리나 윤리는 반反나치 레지스탕스 활동가들의 폭력
에서 보이는 것들과 다르지 않습니다.

　　최소한 본질적인 것이라도 지키기 위해 폭력을
사용해 더 악한 폭력에 맞서고 그것에 굴복하지 않
는 것. 바로 이것이 제가 조금 전에 말했던 반파시스
트애국혁명전선FRAP(Front révolutionnaire antifasciste et
patriote) 젊은이들의 구호, 즉 '파시스트의 폭력에 민중
의 폭력으로 맞서자'가 말했던 것입니다.

혁명적 폭력도 이 구호와 같이 요약될 수 있으므로 이와 관련된 철학적 문제 역시 정확히 동일한 것이겠지요.

폭력과 죽음은 서로 상응한다고 볼 수 있을까요?

죽음은 항상 폭력적이라는 점에서 죽음과 폭력은 상응한다고 생각합니다. 죽음은 항상 갑작스럽고 폭력적입니다. 심한 동맥경화증을 앓고 있으며, 별것 아닌 일에도 건강에 위협을 받을 수 있는 아주 나이 많은 노인에게서도 죽음은 반드시 사고의 결과여야 합니다. 건강한 젊은이가 버스에 치여 죽게 되면 그것은 갑작스럽고 우연한 죽음이겠지요. 그런데 집 안에만 있던 노인이 세균 감염으로 인한 병으로 죽었을 때에도 죽음이 꼭 그때 일어나야 했던 건 아니므로, 그 죽음은 폭력적인 죽음입니다. 죽음에는 항상 추가적인 원인이 존재하는데 때로 그 원인이 눈에 잘 보이지 않을 뿐입니다.

매장 허가서 발급 문제로 사망자의 집을 방문한 의사는 자세히 따져 묻지 않습니다. "고인의 연세가 어떻게 되셨죠? 95세요? 됐습니다!" 이런 식으로 사인에 관한 조사를 하려 하지 않습니다(가끔은 실수인 것으로 드러나기도 하지요!). 시신은 침대 위에 놓여 있고, 의사는 자연사로 결론짓습니다. 하지만 죽음은 결코 자연적이지 않습니다. 나이 많은 노인들의 경우 혈관 조직이 약해지고, 면역력이 약해지므로 사망 가능성이 점차 더 높아지고 커질 뿐입니다. 별것 아닌 것도 치명적으로 작용할 가능성이 점점 더 커지는 것이지요. 그렇지만 죽음에는 우리 눈에 보이지 않더라도 항상 어떤 사건이 존재합니다. 노인의 죽음이라도 완전히 연소해버린 양초처럼 사그라지는, 순전히 자연적인 죽음은 존재하지 않을 겁니다.

스포츠, 폭력 그리고 죽음 사이에 관련성이 있을까요? 선생님께서는 스포츠를 어떻게 생각하십니까?

스포츠, 폭력, 죽음은 일정한 관련성을 갖고 있다고 볼 수 있습니다. 건장한 운동선수도 자신이 모르는 어떤 체질적 기형 요소로 인해 죽음에 이르게 될 수도 있겠지요. 이는 얼마든지 일어날 수 있는 일이며 폭력적인 죽음입니다. 스포츠가 이런 죽음까지 막아주지는 않습니다!

스포츠는 다른 것도 연상시킵니다. 우선 스포츠라고 하면 유익한 측면들과 즐거움이 떠오르겠지요.

테니스를 치거나 더운 날 수영을 하면 즐겁지요. 이런 활동은 철학적 문제로 애쓸 필요 없이 맛있는 음식을 먹는 것과 같이 자연스럽습니다. 그러나 다른 한편으로 스포츠는 자본주의와 국가 이데올로기의 도구로 쓰이며 수많은 타락과 부패의 계기가 되기도 했습니다.

스포츠에는 두 가지 부정적인 측면이 있습니다. 첫 번째로 스포츠도 하나의 상품으로서 막대한 이권이 걸려 있다는 점입니다. 대규모의 경제적 이권이 스포츠에 기생하고 덧붙여지면서 스포츠를 부패시킵니다(그것은 사소한 수준의 부패가 아닙니다). 두 번째는 스포츠가 그릇된 생각을 야기한다는 점입니다. 원칙적으로 스포츠는 흔히들 이야기하는 인류애를 증진해야 합니다. 올림픽 정신, 올림픽 선서, 쿠베르탱 남작의 이상(이 호칭이 맞지요?), 평화로운 경쟁 등이 스포츠를 통해 구현된다고 하지요. 제가 제대로 이해했다면, 스포츠는 인간의 모든 야만성을 유도해버림으로써 인간들이 서로를 공격하거나 전쟁을 벌이는 대신에 운동경기를 즐기게 한다는 겁니다. 이는 일종의 눈속임수일 뿐입니다. 스포츠는 그런 명분과는 관련이 없습니다! 스포츠는 테니스를 치는 것, 여름 바다에서 해수욕할 때의 유쾌함, 춤을 추거나 공중에 도

약할 때의 즐거움이며, 거기에는 어떤 정당화도 필요
치 않지요. 그런데 스포츠에 상당히 복잡한 정당화를,
게다가 어떤 참담한 현실에서 비롯한 과장된 정당화
를 덧붙이다 보니 스포츠를 장려하고 시합을 개최하
게 되는 겁니다. 그렇게 하지 않으면 서로 싸우게 된
다고 주장하면서 말이지요. 경쟁compétition은 인간들
이 서로를 해치는 상황을 방지하는 수단인 것입니다.
이로써 경기가 전쟁을 대체하지만 전쟁은 본래 일종
의 경기라고 할 수 있습니다.

그렇다면 경기는 언제 전쟁으로 전환되는 걸까
요? 고대 사회에서 운동선수들의 경기는 끔찍했습
니다. 그리고 전쟁을 즐기는 기질, 취향 속에도 경기
를 한다는 의식이 있지 않습니까? 게다가 이런 경쟁
적 시합은 올림픽 경기를 폐지하는 것이 낫지 않을까
싶을 정도로 민족주의와 국수주의를 확장하고 있습
니다.

대중의 우민화도 같은 맥락에서 접근할 수 있을까요?

물론입니다. 문제가 많은 정부에게 스포츠는 좋은 알
리바이가 됩니다. 텔레비전 뉴스에서 볼 수 있듯이 조
금이라도 난처한 상황에 맞닥뜨리게 되면 "그럼, 스포

츠 소식으로 넘어가겠습니다"라고 합니다. 이렇게 해서 국민들은 베지에 팀과 아르망티에르 팀의 경기 결과를 들으면서 가령 에스파냐에서 일어난 사건에는 관심을 두지 않게 되는 겁니다. 그저 "불길한 소식이군" 하고 넘어갑니다. 이처럼 스포츠는 중요한 문제로부터 사람들의 주의를 돌리는 데 사용됩니다. 한마디로 교란행위지요.

그다음, 마지막으로 볼 특성은 스포츠에서는 육체가 중요하다는 겁니다. 즉 육체를 긍정하는 것이지요. 이 육체의 긍정은 근대의 성취 중 하나로서, 예컨대 나체 상태의 몸을 수치스러워하지 않는 것입니다. 이제 인간은 자기 몸의 존재를 긍정하게 되었습니다. 물론 여전히 육체를 하찮게 여기는 태도도 존재하는데, 육체는 허풍이며 외양에 불과하다는 것으로 "겉모습을 믿지 말라!"는 겁니다. "성직자 옷을 입었다고 해서 성직자는 아니다"라고 하면서요. 겉모습은 거짓된 것이지만 가장 강한 것은 그것이 진실이라는 겁니다! 이 근본적인 진실이 순전한 진실이지요. 명석하고 성실하며 솔직해 보이는 남성이 실은 위선자며, 천연덕스러운 눈길을 하고 있더라도 그뿐입니다. 매력적인 여성도 마찬가지입니다. 바라보기만 해도 반해버리게 되는 여성이 사실 머릿속이 텅 비어 있을 수도

조금 전에는 인간이 죽음에 대한 불안을 갖고 있다고 말했지만,

이제는 진화 달리 인간은 눈에 보이지 않는 모든 것에 대해 불안을 느끼고,

보이지 않는 것을 항상 가시화하려 한다고 말하겠습니다.

있지요! 이런 관점에서 볼 때 육체는 허위나 아무것
도 아닌 하찮은 것으로서 커다란 기만에 불과합니다.
잘생기고 운동을 매우 좋아하는 남자가 종종 속 좁
은 위선자인 경우가 드물지는 않습니다. 육체의 긍정
은 그에 대한 숭배에 이르기도 하는데, 다소 허위적이
고 위험할 가능성도 있습니다. 따라서 여러 결점이 있
지만, 육체에 대한 절대적인 신뢰와 육체에 대한 증오
사이에서 절충점을 찾아야 합니다.

　육체에 대한 증오는 그리스도교에서 특히 발달
되었는데, 이는 역설적이게도 그리스도교가 육체를
수치스럽게 여기면서도 육체의 부활을 믿는 유일한
종교이기 때문입니다. 수녀들은 결코 자신들의 육체
를 바로 보는 법이 없고, 잠을 잘 때나 목욕을 할 때
도 ─ 그들이 목욕을 하는지도 저는 알 수 없습니다
만 ─ 옷을 입고 있는 것이 아닌가 싶을 정도인데 그
것은 육체에 대한 두려움이겠지요! 육체에 대한 공포
야말로 전형적인 공포지요. 이와는 반대로 가령 나체
주의는 육체성에 대한 전적인 믿음을 나타내는 사례
라 할 수 있습니다. 한 사람의 성격적 특성 중 일부는
육체에 대한 그 자신의 반응에서 형성되는 것은 아닐
까요? 잘생긴 남자나 예쁜 여자에게 모든 것이 용이
한 것은 그들이 육체에 대해 거리낄 게 없다는 점이

성격상의 특징으로 드러난 것이 아닌가 하는 겁니다.

육체와 음악 사이에 관련성이 존재한다고 보십니까?

네, 그렇게 생각합니다. 요즈음에는 그 둘의 관계에 더 많은 관심이 기울여지고 있기도 합니다. 사실 저는 그 측면을 소홀히 다루어왔는데, 무엇보다도 음악과 육체가 춤이라는 공통영역에 이해관계가 있다는 점에서 그 관련성에 대한 심도 깊은 연구가 중요해지리라고 생각합니다. 음악은 춤을 위해 만들어졌고, 그 자체가 새롭게 태어나는 춤이라고 할 수 있습니다. 음악의 기본 요소인 리듬은 육체와 직접적으로 관련되지요. 육체는 음악과 춤의 동시적 만남이 이루어지는 장소입니다. 음악만 보더라도 리듬과 운율을 이루는 요소는 육체의 개입 또는 신체기관의 개입을 내포합니다. 우리는 자기도 모르게, 본능적으로, 때로는 스스로 의식하지도 못한 채 발을 굴러가며 음악의 파동에 몸을 싣게 되는데, 이는 육체의 존재를 내포하고 있습니다.

다른 한편으로 육체는 편리한 도구로서 대단히 중요한 역할을 합니다. 조금 전에는 인간이 죽음에 대한 불안을 갖고 있다고 말했지만, 이제는 전혀 달리 인간은 눈에 보이지 않는 모든 것에 대해 불안을 느끼고, 보이지 않는 것을 항상 가시화하려 한다고 말하겠습니다.

음악은 눈에 보이지 않습니다. 그것은 시간 속에 존재하며 시간 속에서 펼쳐지는데, 시간은 만져지지 않고 무게를 잴 수도 없는 것입니다. 사람들이 음악에서 눈에 드러나는 것이라면 무엇이든 매달리는 이유가 거기에 있습니다. 우리가 음악가들의 얼굴을 그렇게 잘 알고 있는 이유를 생각해본 적이 있습니까? 그들의 얼굴은 언제나 떠올릴 수 있지만, 화가들의 얼굴은 그렇지 않습니다. 화가들이 어떻게 생겼는지······. 렘브란트의 경우는 그가 그린 자화상 덕분에 알 수 있지만, 루벤스나 마네, 르누아르의 얼굴은 잘 알지도 못하고 볼 기회도 없었지요. 마티스는 어떻게 생겼지요? 그는 턱수염이 덥수룩했지요! 화가들의 얼굴을 보는 일은 매우 드문데 왜일까요? 그림은 눈에 호소하는 예술이며, 그것이 그림의 본연의 역할이지만 화가의 얼굴은 알려지지 않지요.

반면에 음악가의 얼굴은 음악과 관련해 눈에 보여줄 수 있는 전부입니다. 얼굴 또는 흉상, 사진만이 우리에게 보여질 수 있고, 상상력을 자극하는 유일한 것으로서 보편적으로 알고 있는 것입니다. 사람에게는 무언가를 보여줄 수 있어야 하는데, 음악은 보여줄 게 전혀 없습니다. 무엇을 보여줄 수 있을까요? 음악가의 전시회조차 보여주는 게 없는 건 마찬가지입니다. 그저 핵심을 벗어나고 부차적인 것들만이 전시될 뿐 음악이라는 본질적인 부분에 대해서는 보여주지 않지요. 화가를 주제로 한 전시회에서는 그의 소묘, 초상, 데생, 그림 등을 전시하는 것만으로 충분하지만, 음악가의 경우에는 보여줄 만한 것이 아무것도 없습니다! 거기에서 소개되는 모든 것은 부수적이고 부차적이며, 외부적, 주변적인 것입니다. 그래서 음악가의 얼굴에 집중해 클로즈업하거나, 원경이나 근경으로, 여러 각도에서 포착해 전시하고는 그가 살았던 도시를 보여주는 것이지요. 그 이외에 달리 무엇을 보여줄 수 있겠습니까? 그런 점이 음악가들을 주제로 한 전시회에서 눈길을 끄는 특징이며, 그런 전시회를 우스꽝스러운 것으로 만드는 요인입니다. 음악은 보이지 않기 때문에 그렇습니다. 시간예술인 음악의 역설이라 해야겠지요.

— 대담, 『어떤 육체?』Quel corps?, 파리: 마스페로, 1975년.

삶과 죽음의 비밀을 붙잡기 위해
— 장켈레비치의 '죽음' 성찰에 대하여

장켈레비치의 죽음에 대한 강의는 제2차 세계대전이 한창이던 시기에 툴루즈의 카피톨 광장에 있는 한 카페에서 시작되었다. 왜 죽음이라는 주제로 책을 썼는가라는 질문에 그는 이렇게 답했다. "셰스토프Lev Chestov(1866~1938)*가 말한 '경계에 선 인간'처럼 극단을 파고들려는 기질이 제 단점입니다. 저는 경험할 수 없는 첨예한 순간들에 관심을 갖게 됩니다." 이렇게 죽음의 문제에 기울어진 관심은 고등사범학교 수학 시절 초기부터 1966년 『죽음』La mort의 출간에 이르기까지 장켈레비치의 사유에 있어서 하나의 기조가 되었다고 할 수 있다.

죽음이 철학적 주제로 다뤄질 수 없을지도 모른다고 한다면 어떻게 죽음을 생각할 수 있을까? 이에 대해 장켈레비치는 "'생각할 수 없는 것'에 대해 생각할 수 있는 모든 것을 생각하기"라고 말한다. 그는 웃음을 띤 채 덧붙였다. "저는 결코 죽음에 대해 생각하지 않습니다. 혹시 당신이 죽음

* 러시아의 철학자, 평론가.

166

에 대해 생각해보려 한다면, 제가 그랬듯이 죽음에 대한 책을 써서 죽음을 문제화하기 바랍니다." 죽음을 생각한다는 것은 하나의 철학적 주제를 다루는 것 이상으로 곡예에 가까운 사유의 운용을 요구한다. 죽음의 사유는 죽음의 바깥, 다시 말해서 죽음에 구애받지 않는 곳에 위치한다. 따라서 죽음에 대해 물음을 던지는 행위는, 그렇게 사유하는 존재의 사유 자체는 소멸하지 않는다는 점에서 한층 더 불가해한 일이기도 하다. 장켈레비치는 베르그송의 사상을 이어받아 존재의 충만함은 죽음을 뛰어넘으며, 비존재non-être를 생각하는 것은 비사유non-pensée와 다름이 없다고 생각한다. 따라서 장켈레비치에게 죽음을 생각한다는 것은 인식의 한계지점과 역설에 대한 탐구로서 삶의 활력과 삶을 한정짓는 모든 것에 데려간다. 릴케가 『말테의 수기』에서 죽음으로 하여금 말하게 하지만 정작 표현하는 것은 삶이듯이……. 신에 대해 말하는 것은 실은 신 아닌 다른 것을 말하는 것처럼, 죽음의 경우도 마찬가지인 것이다. 장켈레비치의 젊은 시절에 또 하나의 중대한 사상적 준거가 되었던 게오르그 짐멜 Georg Simmel (1858~1918)**의 사상에 따르면 죽음은 삶을 특징짓고 "삶을 그 근간에서부터 규정함으로써, 죽음의 확실하고 잘 알려진 측면은 물론이고 모호하고 불확실한 측면을 통해서도, 즉 부정적인 방식으로도, 삶을 결정짓는다."

** 독일의 철학자, 사회학자.

167

장켈레비치의 이러한 성찰은 그로부터 40여 년 후에 쓰인 『죽음』의 구절에서도 울림이 이어진다. "결국 영속적인 실존의 증표는 삶 그 자체, 삶을 살아가는 기쁨, 경험적 자연성에서 드러난 초자연성 속에서 발견될 것이다."

이 절반의 앎, 언뜻 봄에 대해 장켈레비치 역시 단지 간접적이고 우회적인 묘사만 제공할 뿐이다. 이 앎은 사실을 통해 얻을 수도 없고, 경직된 논리적 사고로 전체적인 면모를 파악할 수도 없다. 동시에 이 앎은 "인식의 대상에 의해 소화燒火되고 만다." 죽음 앞에서 우리는 "촛불 앞의 나방과도 같다. 접점과 같이 결코 닿을 수 없는 점. 가장 가까운 곳까지 다가가지만 그 안쪽으로는 들어설 수 없다."(『죽음』, 457쪽) 죽음의 어둠은 투명한 어둠, 즉 위僞 디오니시우스 Pseudo-Dionysius*가 말했던 "고요보다 환한 어둠"과는 대조적이다. 죽음은 절대적인 암흑으로서 "모든 기획, 모든 희망이 절대적 비시非詩(apoésie)의 그 투과할 수 없는 장막에 부딪혀 꺾이고 만다."(『죽음』, 75쪽) 죽음은 곧 순전한 무지라고 보아야 할까? 죽음은 그것을 설명할 수 있는 어떤 단서도 제공하지 않으며, 죽음 가까이 다가오는 사람을 신비 앞에 잡아둔다. 거기서 그가 한 걸음만 더 나아간다면 알게 되는 것이 있을 테지만, 동시에 그는 사라질 것이다……. "누

---

* 서기 5세기에서 6세기 초반경 시리아 지역에서 활동한 그리스도교 신비주의 신학자.

구도 실제로 죽지 않고서는 그 최종적 순간의 인식의 한계점을 경험할 수는 없으므로 우리는 단지 직관적이거나 또는 비의적秘義的인 지혜에 만족해야 한다. 이렇게 싹트기 시작하는 지혜sophia는 아마도 철학이라 불려야 할 것이다."(『제1철학』Philosophie première, 61쪽)

그런데 삶의 형식을 미리 틀짓는 (죽음에 대한) 사유에는 메시지가 담겨 있을까? 장켈레비치는 아주 명쾌한 입장을 취한다. "죽음의 비의미non-sens는 삶에 의미를 부여하면서 동시에 삶의 의미를 부정합니다. 바로 거기에 지상을 짧게 머물다 떠나는 우리 생의 헤아릴 수 없는 신비가 담겨 있습니다." 우리는 인간이기에 죽음의 신비를 표현할 방법이 없지만, "죽음이 없다면 인간은 인간이 아닐 것"이기에 이렇게 말할 수 있을 것이다. "죽지 않는 존재는 살아 있는 존재가 아니다."

장켈레비치의 이 간명한 진술은 죽음을 아무것도 아닌 것으로 무시하거나 소홀히 다루는 법 없이 평생 그것에 직면한 채 죽음이 제기하는 문제를 철저히 규명하고자 했던 한 사상가의 말이다. "요컨대 진정한 문제는 오직 한 가지, 죽음의 문제뿐이다……. 죽음은 전형적인 문제이자, 어떤 의미에서는 유일한 문제이다."(『죽음』, 40쪽) 죽음은 우리에게 형이상학적 고뇌를 강제하는데, 만일 우리가 영원히 존재하게 된다면 여기서 벗어날 수 있을까? 삶은 "죽음의 무한함 가운데 한정적으로 생기를 지닌 구성체"(『음악과 말할 수 없는 것』La musique et l'ineffable, 163쪽)일 뿐이다. 이 삶의 테두리 안에서만, 삶과의 관련 속에서만 세상만물이 합목적성을 갖는다. 즉 내재적 합목적성인 셈이다. 그러나 나의 삶은 다른 사람들에게는 의미가 있을지언정 나 자신에게는 의미가 없다. 신앙인의 경우에는 삶의 의미에 대한 이 의혹을 종교적 희망이 무마해줄 것이다. 위대한 인물이 남긴 글은 그 사람보다 더 오래 살아남는데, 그렇다면 사라진 위인의 생애도 더 넓은 차원의 경험 속에 자리매김할 수는 없을까? 죽음이 예정된 채로 한 세상 살아간다는 것은 과연 무슨 의미가 있을까? 다른 누구보다도 '너'라는 2인칭의 타자라는 각별한 존재는 내가 이 죽음을 경험해보기에 유리할 것이다. "죽음의 경험 중에서 가장 일반적인, 소중한 사람의 죽음을 떠올려봅시다. 우리 각자에게 가장 호소력이 강하고, 가장 애통한 죽음이지요. 그 사람이 한 생애 동안 따라야 했던 행로, 운명의 하늘 아래 70, 80년간 이어진 그 행로는 과연 무엇을 의미할까요? 한 사람이 태어나 살다 죽고, 묘지 주소만 남긴 채 사라져버렸습니다. 이것은 명백한 사실이지요? 그렇습니다! 바로 거기서 저는 희망을 발견합니다. 죽음이 전하는 메시지의 '초자연성'에서 말입니다. 한 생을 살았다는 것은 심오한 신비입니다. 이 신비가 저에게 위안을 주고, 희망의 원리가 되어줍니다."

"진정한 문제는 오직 한 가지, 죽음의 문제뿐이다. 죽음은 전형적인 문제이자,

어떤 의미에서는 유일한 문제이다."

인간 실존의 비애는 삶 그 자체에 내재되어 있다. 내일에 대한 보장 없이 이런저런 일들로 분주히 하루를 보내는 것이다. 장켈레비치가 "무감각, 무통각 상태, 초연함 등을 내세우는 지혜, 환영론 또는 환상론의 시각으로 고통의 실상을 부정하고 죽음을 최소화하는 지혜"(『악』Le mal, 116쪽)를 필요로 하는 것은 아니다. 그는 1,500쪽에 달하는 책, 『덕에 대하여』Le traité des vertus를 통해 "사랑은 잠든 자들에게는 찾아오지 않으므로 등잔불이 꺼지지 않도록 지키고 있을 것을" 촉구한다. 사랑으로 채워진 행동만이 잠시나마 영원의 순간을 허락하기 때문이다. 허무가 보일지라도 겁에 질리지 말고, 진심을 다해 행동함으로써 죽음을 비웃어주자고 그는 말한다. 어중간한 타결에 안주하지 않는 장켈레비치는 죽음이 삶에서 중대한 사안임을 강조한다. 죽음은 삶의 모든 순간을 되돌릴 수 없는 순간으로, 모든 사람을 대체할 수 없는 존재로, 모든 음악을 이루 말할 수 없는 순간으로 만든다. 과거와 미래 사이에서 우리가 벌인 행위들은 죽음이 예정된 달력과 관련되고, 가끔씩 우리에게 "너무나 긴 날들로 이루어진 이토록 짧은 세월!"을 상기시킨다. 하지만 만일 우리가 불멸의 존재라면 그 시간은 대체 무슨 의미를 가질 수 있을까? 과거와 미래는 극미한 현재로 이어지고, 이 현재는 죽음의 씨앗을 포함하고 있다. 이것은 건강한 사람의 병이라고 할 수 있다. "어떠한 질병이든 치료 가능하고 어떠한 삶이든 연장할 수 있다 해도, 다른 질병과는 전혀 다른 병, 모든 병 중의 병인 죽음은 예외입니다. (……) 이 병은 유한성입니다."(이 책『죽음에 대하여』, 27쪽)

자크 마돌은 1934년에 이런 말을 남겼다. "나는 내가 죽는다는 것을 알지만 믿지는 않는다." 인간은 수단과 방법, 의미 따위를 능숙하게 다루지만 결국 죽어야만 한다는 사실 앞에서는 속수무책이다……. 그렇지만 다행스럽게도 언제 죽는가는 여전히 우리의 소관이며 그것이야말로 가장 흥미진진한 문제라고 덧붙인다. (Mors certa, hora incerta. 즉 죽음은 확실하지만, 그 시간은 불확실하다.) 우리가 삶을 견딜 수 있는 까닭은 죽는다는 사실을 알면서도 그 날짜를 알지 못한다는 데 있다. 이 절반의 무지와 뒤섞인 절반의 앎이 인간으로 하여금 능력을 뛰어넘는 도전을 감행케 하고, 행위를 촉발시킨다. 이렇듯 죽음은 삶의 바깥에서만 삶을 규정하는 외부적이고 공간적인 제한이 아니다. 죽음은 삶의 내부로부터 그리고 삶의 전제로서 삶과 연결되어 있다. 이러한 논리적 모순은 삶 자체에 내재하는 것이다. 장켈레비치는 열정적인 신비주의자나 천재적 예술가가 기존의 미적·종교적 토대로부터 정확히 규정할 수 없는 본능적인 리듬을 이끌어내듯이, 인간의 삶 역시 잠재적인 죽음의 토대로부터 알 수 없는 정묘한 융합을 이루어낸다고 보았다. 중단 없이 나아가는 죽음 속에서 삶은 소진되어가지만, 그것은 자기를 태움으로써 빛을 밝히고 열기를 더하는 불꽃을 피워내는 것이다. 사형수의 끔찍한 경험을 제외한다면 인간은 죽는 날을 알 수 없으며 가능성의 문은 완전히 닫히지 않는다. 죽음이 삶을 막고 있다 해도 항상 희망이 틈을 파고들기 마련이다.

한편 죽음에 대한 불안은 인간 조건의 일부이다. 인간은 의식하는 존재이며, 이 의식이 자신의 미래를 조망하게 될 때 불안이 생겨난다. "생성은 그것을 살아가는 사람에게는 영원한 것처럼 보일 수도 있지만, 그 외부에서 관찰하고 접근해보면 전혀 그렇지 않다는 두 가지 면 사이의 충돌", 불안은 거기서부터 생겨난다. 그것은 사후의 삶과 연결되어 있는 내세에 대한 불안이 아니다. 우리는 아무런 준거도, 지표도 주어지지 않는 전혀 다른 질서에 진입하게 된다. 이 불안은 어떠한 종교도 말해주지 않는, 재현 불가능한 그 무엇에 대한 불안이다. 죽음의 순간은 두려워할 이유가 없다. 우리를 두려움에 떨게 했던 것은 다름 아닌 불안이다! 장켈레비치에 따르면 불안은 (셰스토프가 말했던) 죽음의 계시도 아니고 절대자의 징조도 아니며, 다만 경험적 존재가 초경험적 영역에 들어서는 것일 뿐이다. 인간은 자신의 본질적인 두려움에 의해 본질적 운명과 마주하게 되는 것이다. 불안에 맞서기 위한 또 하나의 방책이 바로 행동인데, 행동은 삶의 지속 가운데 발생하는 틈을 메운다. 행동은 죽음의 우위를 인정하지 않고 그 의미를 최소화하면서 '마치' 죽음과는 무관하다는 듯이 미래를 향한 가교를 놓는 일을 임무로 갖는다. 행동의 형태는 다양하다. 특히 위험성, 모험, 영웅적 행위 등의 특별함을 인정하는 배경에는 항상 죽음의 지평이 펼쳐져 있다. 위험성, 위험, 영웅주의는 죽음과의 연관성 속에서만 성립되는 것들이다.

각양각색의 종교적 행위들 중 상당수는 인간 운명의 최대 수수께끼인 이 두려운 죽음에 대해 우리를 안심시키고 그것에 익숙해지도록 하려는 목적을 지니고 있다. 그러나 종교를 믿든 믿지 않든 간에 이 심오한 신비를 풀어낸 사람은 없다. 그 비밀은 일체의 종교적 해석을 넘어선 곳에 있는 것이다. 장켈레비치는 이렇게 말한다. "죽음이 필연적이라고 믿을 만한 근거들은 충분하지만, 결코 모습을 보이지 않는 신이 존재한다고 단정할 근거는 전혀 없다……. 구조자는 조난자와 전혀 다른 차원에 존재한다."(『죽음』, 394쪽) 여기서 구원의 종교에 대한 암시는 조금도 찾아볼 수 없다. 장켈레비치는 파스칼과 마찬가지로 우리에게 명철한 판단력을 지니고 살아가야 한다고 호소하는데, 장켈레비치와 달리 파스칼에게는 종교적 희망이 있었다. 파스칼은 세상을 부정적으로 볼수록 신의 존재에 대한 희망이 더욱 빛나 보이리라 믿었던 것이다. 고대 그리스인들이 생각했던 죽음은 『파이돈』에서 소크라테스가 보여주듯이 기나긴 수다였다. 소크라테스는 친구들에게 둘러싸여 철학적 대화를 나누다가 독주를

175

"죽음에 관해서라면 저는 아는 게 전혀 없습니다!"

마시고 죽는다. 그 뒤에 그는 축복받은 자들의 섬으로 가서 또 다른 친구들을 만나 대화를 이어가게 될 것이다. 이렇게 사람들에게 둘러싸인 채 맞이하는 죽음은 파스칼이 말하는 고독한 죽음과는 거리가 멀다.

장켈레비치는 죽음을 종교적 개념에 기대어 해석하지 않는다. 따라서 그에게 무화nihilisation는 철저히 불합리한 사태이고, 소멸도 불멸도 전혀 이해할 수 없는 일일 뿐이다. 그런데 그는 다음과 같이 덧붙인다. "무가 이해 불가능하다는 점이야말로 우리에게 가장 큰 기회이자 신비로운 기회라고 해도 과언이 아니다."(『죽음』, 399쪽) 그 누구도 죽음을 거치지 않고서는 인식이 한계에 맞닥뜨리는 순간을 알 수 없으며, 그 누구도 죽음 이후의 깊이를 알 수 없는 신비들을 알아차릴 수 없다. 죽음은 단 하나의 사실만을 제외하고 다른 모든 것을 소멸시키게 되는데, 무엇보다 소중한 그 사실은 바로 "존재했음"이다. 이러한 통찰은 장켈레비치가 젊은 시절에 남긴 여러 편의 저술에서 일찌감치 발견되는 것으로서, 죽음의 분석에서 핵심적 역할을 한다. 요컨대 죽음이 모든 걸 없애버린다 해도 살았음의 실제성만큼은 오롯이 남는다는 것이다. "죽음은 어쩌면 육체의 모든 흔적과 그에 대한 기억까지도 지워버리겠지만 삶을 살았다는 사실을 없애지는 못한다. 죽음은 보통의 삶이 겪은 일을 아예 없었던 일로, 발생한 적도 없는 일로 바꿀 수 없고, 누군가 세상을 살고 죄를 짓고 후회하고 고통받다가 영원히 사라졌다는 사실을 무효화할 수 없다."(『제1철학』, 245쪽) 이 덧없는 인생을 살았다는 사실은 영원히 사라지지 않는 사실이다. 여기서 우리는 장켈레비치가 오랫동안 예찬해왔던 베르그송의 생기론生氣論을 재발견하게 된다. 이러한 진술을 하고 나서 10년 후 장켈레비치는 아이러니의 철학자답게 미소를 지으며 고백한다. "죽음에 관해서라면 저는 아는 게 전혀 없습니다!"

죽음의 순간은 소멸이라는 충격적 사건이 발생하는 일종의 특이점이다. 과거에는 죽음이라는 단어를 꺼렸던 까닭에 완곡법이나 우언법을 활용해 넌지시 가리키는 식으로, 다시 말해 소심하게 표현했다! 오늘날 죽음은 텔레비전 화면 속에 상주하고, 우리는 가족이 함께 모여 의도적으로 기획된 인간의 어리석음과 그로 인한 수많은 희생자들을 바라본다. 20세기에 벌어졌던 여러 유형의 집단학살은 장켈레비치가 가장 우선적으로 성찰하고자 했던 사건들이었다. "이 존재했음은 아우슈비츠에서 죽임을 당하고 소멸되어버린, 이름 없는 어린 소녀의 환영과도 같다. 잠시나마 그 소녀가 머물렀던 세계는 그녀의 짧은 체류가 일어나지 않았을 수도 있는 세계와는 돌이킬 수 없이 그리고 영원히 다르다."(『죽음』, 421쪽)

어디까지나 죽음은 돌연히 찾아오는 사건이라는 점에서, 지상에서의 여행, 짧은 유람은 산 자들의 기억 속에 어떤 무형의 흔적을 남기게 되는 것인지도 모른다. 소크라테스는 죽었어도 그의 사유는 여전히 우리 안에 머물고 있다. 그리하여 죽음은 창작욕을 자극하는 주제로 시인들과 음악가들에게 영감을 주기도 한다. 무소르그스키의 연가곡 〈죽음의 노래와 춤〉, 가브리엘 뒤퐁의 피아노곡 〈죽음이 배회한다〉나 〈죽음의 천사가 집안에 들어오다〉(마테를링크의 구절)가 그 사례이다. "새벽과 황혼의 전령들을 붙잡기 위해 '밤이 여명으로 변하는 어렴풋한 경계'(가브리엘 포레, 〈닫힌 정원〉, op.106)와 날이 어두워지는 순간을 감시하듯이, 삶과 죽음의 비밀을 붙잡기 위해 인간은 소리의 탄생과 사라짐에 온 정신을 기울인다."(『음악과 말할 수 없는 것』, 176쪽) 죽음이 신비인 것은 비밀에 휩싸여 있기 때문이 아니다. "결국 죽음의 신비란 한 생애의 신비에 다름 아니며, 또 이 생애란 운명에 다름 아니다."(『드뷔시와 순간의 신비』, 30쪽)

　　　―『마가진 리테레르』Le Magazine Littéraire
　　　333호, 1995년 6월, 42~45쪽.
　　　이 글은 루시앙 제르파뇽Lucien Jerphagnon의
　　　연구서 『장켈레비치』Jankélévitch(파리: 세제르,
　　　1969)에서 많은 도움을 받았다.

　　　프랑수아즈 슈왑

죽음의 신비, 삶의 희망
―장켈레비치의 죽음 철학이 전하는 메시지

프랑스 20세기 철학자 블라디미르 장켈레비치Vladimir Jankélévitch(1903~1985)의 대담집 『죽음에 대하여』Penser la mort?(원서 제목의 의미는 '죽음을 생각한다?'이다)가 번역, 출간된다는 소식에 무엇보다 반가움이 앞선다. 장켈레비치가 사망한 지 30년이 지났지만, 그도, 그의 철학도 이 땅에서 여전히 낯설다는 것이 아쉬운 참이었다.

블라디미르 장켈레비치, 그는 누구인가?

내가 장켈레비치의 저서를 처음 접한 것은 철학 서적이 아니라 사티, 림스키-코르사코프, 포레 그리고 쇼팽의 음악을 다룬 음악평론서 『음악과 시간』La musique et les heures(1988)이었다. 장켈레비치 사후에 『야상곡: 포레, 쇼팽과 밤, 사티와 아침』Le nocturne. Fauré, Chopin et la nuit, Satie et le matin(1957)과 『랩소디, 영감 그리고 즉흥곡』La rhapsodie, verve et improvisation musicales(1955)을 합쳐 재편집한 책이다. 나중에 알고 보니, 그는 철학책만큼이나 적지 않은 음악평론서를 남긴 음악평론가이기도 했다. 한 대담에서 "음악은 내 인생의 절반"이라고 말했던 것이 기억난다.˚ 그는 1870년 이후의 프랑스 음악에 조예가 깊었고, 특히 '20세기의 음악'에 대해 남다른 애정을 품었다. 그가 생전에 남긴 마지막 책 『머나먼 현존: 알베니스, 세베락, 몸포우』La présence lointaine. Albeniz, Séverac, Mompou(1983)도 음악 관련 서적이다. 비록 전문 연주자는 아니었지만 그의 표현대로 "음악을 읽는 자"로서 장켈레비치는 인생의 절반을 음악에 바친 것이다. 장켈레비치에게 음악은 시간을 죽이기 위한 오락거리가 아니다. 그에게 음악은 철학적 사색의 한계를 뛰어넘게 할 뿐만 아니라, 완성되지 않은 채 열려 있는, 체계를 거부하는, 녹아들고 도주하면서 펼쳐지는 시간의 작품이다. 바로 이 점은 그의 철학과도 통한다.

장켈레비치가 인생의 나머지 절반을 바친 철학은 '지속' 즉, 시간의 철학자 앙리 베르그송Henri Bergson(1859~1941)의 영향에서 출발했다. 1922년 파리고등사범학교에 입학하고 1923년부터 베르그송 철학과 인연을 맺은 뒤, 그는 끝까지 베르그송 철학과 함께한다. 20세기 프랑스 철학계의 주류가 칸트, 헤겔, 후설과 같은 독일 철학에 경도되었을 때도 그

˚ 프랑스 퀼튀르 방송, 대담 〈블라디미르 장켈레비치—삶〉 중에서, 1985년 6월 8일; 기 수아레, 『블라디미르 장켈레비치, 나는 누구인가?』, 리옹: 라 마뉘팍튀르, 1986, 65쪽.

는 꿋꿋이 비주류인 베르그송 철학 편에 선다.

　박사논문은 독일 철학자 셸링에 관한 것이었지만, 장켈레비치는 셸링을 제외한 그 어떤 독일 철학자도 철저히 무시하고 거부한다. 이는 칸트를 비롯해서 헤겔, 피히테와 같은 독일 관념론자, 그리고 나치당원인 하이데거까지 일련의 유명한 독일 철학자들이 반유대주의자라는 사실과 무관하지 않다.[*] 장켈레비치는 프랑스에서 태어나고 성장해 생을 마감한 프랑스인이지만, 그의 부모는 반유대주의를 피해 프랑스로 이민하고 끝까지 러시아 국적을 유지한 유대계 러시아인이었다. 그가 독일 철학을 멀리하게 된 데는 출생의 이력만이 아니라 개인적 경험도 한몫했다. 1926년 교수자격시험을 통과한 후 캉, 리옹의 고등학교에서 철학교사 생활을 하다가, 제2차 세계대전이 발발했을 당시에는 툴루즈 대학교에서 일했다. 하지만 1940년 남프랑스가 나치 독일의 수중에 들어가고 비시 정권이 들어서면서 유대인이라는 이유로 해임되고 국적까지 박탈당한다. 이에 장켈레비치는 나치

---

[*] 이본 셰라트, 『히틀러의 철학자들』, 김민수 옮김, 여름언덕, 2014, 제2장 '독이 든 성배'와 제5장 '히틀러의 슈퍼맨' 참조. 칸트는 유대인은 비이성적이라서 비도덕적이라며 유대인의 비도덕성을 개탄했고, 피히테는 독일인의 순수성을 예찬하며 유대인에게 시민권을 부여해서는 안 된다고 주장했으며, 헤겔은 유대인을 비이성적이고 열등한 존재로, 유대인의 신을 열등한 신으로 매도했다. 히틀러 집권 이전부터 반유대주의자였던 하이데거는 이후 나치당원으로 독일이 제2차 세계대전에서 패망할 때까지 당비를 내며 당적을 유지했다. 실제로 히틀러 치하에서 수많은 독일 철학자들이 나치의 부역자였다고 한다.

주의에 반대해서 레지스탕스 활동에 적극적으로 참여한다. 그리고 독일의 모든 것과 완전히 결별한다. 1939년 이후 더 는 독일 땅을 밟지 않았을 뿐만 아니라 독일어를 포함한 독 일 문화를 자신의 삶에서 철저히 배제한다. 독일 음악도 듣 지 않고 독일 철학도 외면한다. 전후 프랑스 철학계가 독일 식 합리주의, 체계의 철학에 빠져 있을 때 스스로 주류의 무 리에 속하길 거부했던 장켈레비치를 프랑스 철학계는 '비합 리주의자'로 폄하하며 소외시키고 주변부로 내몰았다.

　장켈레비치가 밝힌 바 있듯이, 그의 철학적 사상은 그 어떤 철학자보다 러시아 작가의 영향을 많이 받았다. 특히 비체계적인 사상을 금언적으로 풀어내는 '슬라브적 부조 리'의 실존철학자이자 작가인 안톤 체호프Anton Pavlovich Chekhov(1860~1904)의 영향은 지대하다. 장켈레비치 스스 로 "나는 환생한 체호프이었다!"••라고 표현할 정도다. 체 호프는 그의 실존철학의 사상적 기초가 되었다. 게다가 그 는 톨스토이의 '빛 속의 신비'에 공감한다. 장켈레비치의 철 학 사상에 있어 '신비'는 인간이 절대로 밝혀내거나 발견할 수 없는 유한한 인간의 한계를 드러냄과 동시에, 이성으로 그 한계에 다가서려는 인간의 아슬아슬한 곡예를 이끈다. 그 런 점에서 "이성은 신비를 배제하지 않고 신비는 이성을 인

•• 기 수아레, 『블라디미르 장켈레비치, 나는 누구인가?』, 리옹: 라 마뉘팍 튀르, 1986, 80쪽.

183

도한다"라고 정리했던 기 수아레Guy Suarès의 지적은 옳다.[*] '신비'는 어둠 속의 빛이 아니라 밝은 대낮의 빛으로 철학적 사유가 감히 이성의 한계에 도전할 수 있는 가능성을 열어 준다. 이성을 벗어나지 않으면서도 그 한계를 향한 지적 사유의 모험에 나서는 장켈레비치의 철학은 한낮의 빛처럼 눈부시고 매혹적이다.

죽음 철학이 가능하다면

장켈레비치에게 '죽음'은 바로 '신비'다. 전혀 이해할 수도, 생각할 수도, 말로 표현할 수도 없는 것이다. 우리 이성이 전혀 아무것도 밝혀낼 수 없는, 아무것도 아닌 것, 무無다. 아무런 답도 찾을 수 없는 '죽음'을 놓고 과연 철학이 가능한 것일까? "죽음에 대한 철학은 삶에 대한 성찰"이 될 때 가능해진다.[**] 서양 철학사를 살펴보면, 죽음을 다루는 철학자들은 대체로 주어진 삶을 충실히 살기 위해 죽음을 이야기한다.[***] 세네카, 마르쿠스 아우렐리우스, 에픽테토스, 에피쿠로스와 같은 고대 철학자, 르네상스 인문주의자 몽테뉴, 사르트르와 같은 현대 실존주의 철학자가 바로 그렇다. 그리고 장켈레비치도 다르지 않다.

---

[*] 기 수아레,『블라디미르 장켈레비치, 나는 누구인가?』, 리옹: 라 마뉘팍튀르, 1986, 11쪽.
[**] 이 책 58쪽.
[***] 플라톤 철학은 예외로 한다.

60대 초반, 그는 '죽음'을 다룬 방대한 저서 『죽음』La mort(1966)을 세상에 내놓는다. 『죽음』은 전체 세 부분으로 구성되어 있는데, 1부는 죽음 이편, 즉 살아 있는 동안, 2부는 죽는 순간, 3부는 죽음 저편, 즉 죽은 다음의 죽음을 다룬다. 이 책 『죽음에 대하여』의 첫 번째 대담 「돌이킬 수 없는 것」과 두 번째 대담 「죽음에 대한 성찰과 태도」는 그의 저서 『죽음』을 엿보게 하고 『죽음』에 대한 호기심을 유발한다.

실존철학자들이 그렇듯, 장켈레비치가 철학적 의미를 부여하는 죽음은 모르는 사람의 죽음인 '죽음 현상'이 아니라 가까운 사람의 죽음부터 간접적으로 경험하는 '나 자신의 죽음'이다. 하지만 살아 있는 한 내가 결코 경험할 수 없는 것이 바로 '나의 죽음'이다. 내 죽음은 항상 미래일 뿐 절대 과거가 될 수 없다. 내가 아무것도 아닌 것으로 이행하는, 찰나의 죽음 순간을 경험하자마자 나는 더는 이 세상의 존재가 아니기에 죽음의 경험을 말이나 글로 표현해 전할 수 없다. 그래서 내가 살아 있는 한, 지속적인 현재만을 체험할 뿐 결코 현재가 될 수 없는 죽음은 신비로 남는다.

삶 속에서 과거나 현재일 수 있는 죽음은 언제나 내가 아닌 타인의 죽음뿐이다. 다들 죽어도 난 죽지 않는다. 언젠가 내가 죽겠지만 나는 그 죽음을 믿기가 어렵다. 왜냐하면 내가 정확히 언제 죽을지 알 수 없기 때문이다. 죽을 시간을 알지 못한다는 것이 우리로 하여금 죽음을 계속해서, 무한히 뒤로 미룰 수 있을 것 같은 착각에 빠지게 한다. 결국 이런 속임수, '죽음의 연기' 덕분에 나약한 인간은 '1초 더 살 수 있을지도 모른다'는 삶의 희망을 품게 된다는 것이다. 장켈레비치는 이 희망을 현존의 필요로 간주하면서 반드시 부정적인 것으로만 보지 않는다. 다른 실존주의자들과 달리, 지속하는 삶의 희망에 특별한 무게를 두는 장켈레비치의 사상에서 생철학자인 베르그송의 영향을 발견할 수 있다.

삶의 희망을 가진 인간은 나이가 들어 신체적으로 노쇠해지더라도 그 희망을 포기하지 않는다. 그래서 노인의 죽음도 젊은이의 죽음만큼 폭력적일 수 있다. 촛불이 꺼지듯 자연스러운 죽음은 없고 모든 죽음이 갑작스러울 따름이다. 죽음이 갑작스러운 것인 만큼 그 누구도 죽음을 미리 준비해서 편안한 죽음을 맞을 수는 없다. 후기 스토아 철학자들이 권하는 반복적인 죽음 연습, 죽음 준비는 죽음이 일회성인 이상 불가능하며 죽음의 순간은 항상 즉흥적으로 맞을 수밖에 없다는 것이 장켈레비치의 생각이다.

사실 후기 스토아 철학자가 죽음을 배우고 준비할 수 있다고 한 까닭은 매순간 죽음에 직면하고 죽음을 가까이해 익숙해짐으로써, 이 순간이, 오늘이 인생의 마지막인 것처럼 살아감으로써 현재 삶에 집중하고 충실해질 수 있다고 생각했다는 데 있다. 비록 장켈레비치가 살아가면서 시시때때로 죽음을 떠올리는 것에 동의하지 않는다 하더라도, 죽음 사색이 현재 삶을 잘 살 수 있도록 도움이 된다는 것까지 부인하지는 않는다. 삶을 한계짓고 중단시키는 죽음이 오히려 삶에 의미와 희망을 주고 활력과 열정을 제공한다는 것을 그도 인정한다. 장켈레비치를 포함한 실존주의자들은 각자의 사상적 차이에도 불구하고, 우리 자신이 언젠가 죽을 수밖에 없는 유한한 존재임을 분명하게 깨닫게 되면 삶에 긴장감이 생겨 현재 순간에 충실하게 된다는 생각을 공유한다. 우주, 자연, 이성의 질서에 부합하는 삶을 살아야 한다고 가르쳤던 스토아 철학자들과 달리, 삶의 정답이 없어 개개인이 자유로운 선택과 결정을 해나가면서 자신의 삶을 의지적으로 만들어나갈 수밖에 없다고 생각했던 실존주의자들은 그 힘이 바로 죽음에 직면할 때 주어진다고 보았다.

아무리 내가 죽을 것 같지 않다고 해도 죽음을 부인할 수는 없다. 죽음은 인간의 조건이자 삶의 일부이기 때문이다. 장켈레비치에 의하면, 죽음의 불안은 내가 영원히 살 것 같은데, 사실은 나의 삶이 영원하지 않음을 자각할 때 생긴다고 지적한다. 이 죽음의 불안을 완전히 떨쳐낼 수 없다 해도 우리에게는 삶의 희망이 있어 죽음의 불안과 어느 정도 거리를 둘 수 있다.* 장켈레비치가 삶의 희망을 중요시한다 해서 내세를 믿는 종교적 희망, 즉 종교적 위안에 기대지는 않는다. 철학의 영역에서 종교적 믿음은 배제한다. 따라서 죽은 후 내세에서만 온전히 획득할 수 있는 참된 진리, 그 진리를 얻기 위해 생전에 죽음 연습을 해야 한다고 주장하는 플라톤의 사상에 공감하지 않는다. 장켈레비치에게 죽음 없는 삶은 삶이 아니기에, 삶은 영원과 공존할 수 없음이 당연하다. 죽음의 불안을 대면하는 삶은 영원을 갈망하는, 삶에 대한 과도한 희망을 허락하지 않는다. 그럼에도 우리에게 허용되는 영원한 것이 있다면, 즉 우리가 죽어 사라지고 세월이 흘러 타인들의 기억에서 우리의 삶이 망각된다고 해도 우리 사후에 영원히 살아남는 것이 있다면, "그 이유는 알 수 없지만 살았다는 것, 존재했다는 것", "사랑했다는 것"뿐이라고 장켈레비치는 반복해서 강조한다.** 장켈레비치의 죽음 철학이 주는 코끝이 찡한 감동은 바로 이 대목에서 온다.

특정 종교를 믿지 않지만 신앙심을 부정하지도 않는 장켈레비치는 죽음을 이해하지 못한다고 해서 죽음의 신비를 부인하지는 않는다. 우리 삶을 불안으로 떨게 할 수도 있는 이 신비가 오히려 삶의 희망을 주기도 한다. 장켈레비치에 의하면, 죽을 존재인 우리 인간이 '유한성'을 자각해야 한

• 블라디미르 장켈레비치, 『죽음』La mort, 파리: 플라마리옹, 1977(개정판), 1부 3장 154쪽 참조. "만약 확실한 죽음, 확실한 시간Mors certa, hora certa이 절망의 표현이고, 확실한 죽음, 확실하지만 알지 못하는 시간Mors certa, hora certa sed ignota은 불안의 표현이라면, 반대로 불확실한 죽음, 불확실한 시간Mors incerta, hora incerta은 망상적인 희망의 표현이라면, 확실한 죽음, 불확실한 시간Mors certa, hora incerta이라는 비대칭적인 표현에서는 진지하고 투쟁적인 의지, 망상적인 희망만큼 절망과 거리를 둔 의지의 표어를 알아봐야 할 것이다."
•• 블라디미르 장켈레비치, 『죽음』, 파리: 플라마리옹, 1977, 3부 4장.

다면, 사랑을 나누는 진정한 삶을 살기 위함이고, 또 살아가기 위해서는 삶의 희망을 놓아서도 안 된다. "삶보다 더 가치 있는 것은 없"고 "우리가 단 한 번만 산다"는 것을 기억한다면.***

안락사 문제를 놓고

삶의 희망, 삶의 가치를 거듭 이야기하는 철학자는 안락사에 대해 어떻게 생각할까? 세 번째 대담(「삶의 욕망과 죽음의 권리 사이에서」)에서 그는 안락사를 철학적, 윤리적 문제로 생각지 않고, 구체적인 상황 속의 의사의 문제, 의사의 환자 살해 문제로 한정한다.

사실 안락사를 의사의 환자 살해 문제로 인식하는 경우, 소극적·적극적 안락사에 대한 논쟁을 불러일으킨다. 죽길 원하는 환자에게 의사가 도움을 줘야 한다면, 직접적으로 도와야 할지 간접적으로 도와야 할지에 관한 문제는 안락사 논쟁에서 중요하다. 동시대의 유대계 철학자인 한스 요나스Hans Jonas(1903~1993)만 해도, 안락사 문제가 현대 의료 기술의 발달이 야기한 문제라는 인식 아래 의식 있는 말기 불치병 환자의 '죽을 권리'를 주장한다.**** 이때 독극물을 주

***블라디미르 장켈레비치,『죽음』, 파리: 플라마리옹, 1977, 3부 4장 462쪽.
****한스 요나스, 「죽음 지연술과 죽음에 대한 권리」, 『기술 의학 윤리』, 이유택 옮김, 솔, 2005.

사하는 식으로 환자를 직접 살해하는 '적극적 안락사'는 용인할 수 없지만, 의식 있는 불치병 말기 환자가 고통에 시달리지 않고 존엄한 죽음을 맞을 수 있도록 간접적으로 개입하는 즉, 죽을 수 있게 내버려두는 '소극적 안락사'는 인정해야 한다고 주장한다.

원칙적으로 안락사에 찬성하는 장켈레비치는 소극적 안락사도 적극적 안락사도 필요할 때가 있다고 인정한다. 누구나 원하면 치료를 중단할 수 있을 뿐만 아니라, 누구나 자살할 자유가 있으니 필요하다면 의사 조력 자살까지 용인할 수 있다는 것이다. 각각의 상황에 따라 적절한 결정이 내려져야 함을 강조할 따름이다. 그런데 환자의 의지를 존중하는 것이 중요하다고 해도, 환자는 치료할 수 있는 병이라는 것을 알지 못해 잘못된 판단을 할 수 있으니까, 환자의 병이 불치병인지 안락사라는 도움을 제공해야 할지 말아야 할지를 판단하고, 환자의 생명 연장이 무의미할지 아닐지 삶의 희망을 예측해야 하는 자는 바로 의사라고 주장한다. 안락사의 판단과 결정을 환자가 아니라 의사에게 있다고 보는 장켈레비치는 '환자의 자기결정권'을 안락사의 핵심 문제로 여기지 않는다. 게다가 의사의 역할을 원래 생명을 살리고 연장하는 데 있는 것으로 제한해, 한스 요나스나 피터 싱어와 달리, 죽음 서비스를 의사의 역할로 보지 않는다.

안락사 문제에 있어 '환자의 자기결정권'을 주목한다면,

장켈레비치와 어떤 입장 차이가 생기는지 잠시 짚고 넘어가자. 오늘날 생명윤리 철학자인 피터 싱어Peter Singer(1946~)는 '환자의 자기결정권'을 주목하면서 법적으로 소극적, 적극적 안락사뿐만 아니라 의사 조력 자살까지 인정해야 한다고 주장한다. 환자의 생명은 환자 자신의 것으로 죽음 역시 자기 인생의 계획 속에서 스스로 결정해야 한다고 보기 때문이다.˙ 물론 안락사의 경우 환자가 죽음을 결정하는 데 의사의 도움을 받을 수 있다면 가장 만족스러운 결과를 얻을 수 있기 때문에 의사의 역할을 부인하지는 않는다. 환자의 병을 치료하고 생명을 구하는 것이 의사의 임무라고 할지라도, 의사가 더는 치료할 수 없는 환자에게는 죽음 서비스를 제공해야 할 때가 있음을 인정하는 것이다.

장켈레비치가 단정하듯이, 안락사가 허용된다 해도 안락사를 선택하는 사람은 실제 드물지도 모른다. 고통 완화 치료와 호스피스 제도가 잘 운영될 경우, 적극적 안락사나 의사 조력 자살을 선택하는 사람이 줄어든다는 보고가 있다. 하지만 진지하게 판단해서, 또는 절망해서 적극적 안락사나 의사 조력 자살을 선택하는 사람이 실제로 존재한다는 것도 명백한 현실이다. 그래서 피터 싱어는 한 걸음 더 나아가, 안락사 문제를 말기 환자, 끔찍한 신체적 고통을 겪는 환자, 암

˙ 피터 싱어, 「7장. 죽여달라는 요구」,『삶과 죽음: 생명의료 윤리의 도전』, 장동익 옮김, 철학과 현실사, 2003.

환자만의 문제로 제한하지 않는다. 말기 환자가 아니더라도 죽음이 예정된 치매 초기 환자가 의식이 분명할 때 죽길 바란다면, 스스로 자살할 수 없는 루게릭 말기 환자가 의사에게 자살의 도움을 구한다면, 심각한 만성적 고통에 시달리는 류머티즘 환자가 통증 조절이 불가능해 죽길 원한다면, 사고로 인한 사지마비의 감금증후군 환자가 삶의 질이 보장되지 않는 삶을 포기하려 한다면, 소위 전문가라는 의사가 이들 인생에 개입해 죽음 결정에 간섭해야 할 것인가? 아니면 의사는 이들이 원하는 대로 죽음을 도와야 할 것인가?

한 가지 분명한 것은 그 어떤 의사도 소극적 안락사, 적극적 안락사, 의사 조력 자살이 법적으로 모두 인정되지 않는 한, 이들 모두를 도울 수는 없다는 것이다. 장켈레비치의 말대로 죽음이 삶의 일부이고 누구나 자신의 삶을 마음대로 할 권리가 있다면, 환자가 자기 삶을 잘 마무리할 수 있도록 죽음 방식의 다양한 법적 선택이 가능해야 함은 당연하다.

그런데 장켈레비치도 환자가 자신의 삶을 마음대로 할 권리가 있다는 것, 의술이 지속적으로 변화·발전하고 있긴 해도 인간의 삶이 죽음을 벗어날 수 없는 한 의술의 한계가 있다는 것을 부정하지는 않는다. 따라서 생명 소생술이 야기한 문제에 눈을 감지도 않는다. 그는 거의 무한히 생명을 연장할 수 있을 정도로 발달한 현대의 생명 연장 기술의 위험성을 분명하게 인지하고 있다. 의식 불명의 식물인간의 목숨을 붙들고 있는 의사의 과도한 집착을 비판한다. 그럼에도 현대 의술의 발달을 부정하며 치유할 수 있는 질병의 치료를 포기하는 것 역시 경계한다. 지속적인 변화를 가져오는 시간의 힘을 믿는 철학자는 의술의 한계를 인정하면서도 의술이 계속해서 발전하는 한, "모든 환자는 회복될 수 있고 모든 삶은 연장될 수 있다"고까지 말한다. 죽음을 끝없이 뒤로 미루는 '형이상학적 희망'과 의학 기술의 발달이 안겨준 질병 극복, 목숨 연장에 관한 '의학적 희망'을 접지 않는 것이다. 그에게는 회복 가능한 환자의 생명을 포기할지 모른다는 우려가 과도한 생명 연장으로 인한 말기 환자의 불필요한 고통에 대한 염려보다 더 커 보인다.

여기서 제2차 세계대전의 나치즘에 대한 공포의 그늘을 본다면 지나칠까? 나치는 장애 아동, 장애 청소년, 장애 성인으로 점차 확대해가며 장애인들을 죽였을 뿐만 아니라 유대인, 집시, 동성애자, 치매 환자, 정신분열증 환자까지 그들의 의사와 무관하게 '안락사'라는 미명 아래 목숨을 빼앗았다. 가스실과 화장 시설에 의존한 나치의 안락사 프로그램 'action T4'는 실제로 유럽 대륙, 특히 독일에서 벌어진 안락사 논쟁의 걸림돌이 되었다. 환자의 의지에 반한 '반자의적 안락사'에 대한 두려움에 사로잡혀 현대 의료 기술, 특히 소생술로 인한 무의미한 생명 연장의 피해자들의 고통에 적절히 대응하지 못했던 것이다. 수없는 사람들을 억울한 죽음으

193

로 내몬 전쟁의 잔혹한 경험과 기억이 장켈레비치로 하여금 '치료 중단'보다는 '새로운 치료에의 희망'에, 삶을 닫는 '안락사'보다는 '삶의 지속 가능성'에 더 관심을 기울이게 했는지도 모르겠다.

장켈레비치는 신이 질병 치료를 금지하지 않았다고 항변한다. '신이 인간의 죽음을 결정한다'는 믿음이 당시의 안락사 찬성론자로 하여금 인간 의술을 경시케 했다고 판단해 이들의 신학적 편견을 경계한다. 그럼에도 '신이 준 생명 연장술을 이용해 환자의 생명을 최대한 연장해야 한다'고 주장하는 오늘날의 안락사 반대론자의 신학적 편견, 즉 '신성한 생명에 대한 맹신' 앞에서 장켈레비치가 어떤 태도와 입장을 취했을지 궁금하다. 의사에 대한 믿음, 의술에 대한 희망, 의학에 대한 낙관을 가진 그 역시 경계하고 반대하지 않았을까?

죽음을 경시하고 부정하는 우리 사회에서

현대 안락사 논쟁에 비추어볼 때, 장켈레비치의 안락사에 대한 사색이 치밀하지 않고 허술해 보일 수도 있는데, 우리는 장켈레비치의 대담이 1970년대에 벌어졌다는 것을 고려해야 한다. 그런데 우리 사회에서 전개되는 존엄사 논쟁의 수준은 그 수준에도 턱 없이 못 미치는 걸음마 단계다. 1997년 보라매병원 사건과 2009년 김 할머니 사건이 겨우 우리 사회에서 존엄사 논쟁을 촉발시켰고, 그 논쟁의 결실이 바로 2016년 2월 공포된 '호스피스·완화 의료 및 임종 과정에 있는 환자의 연명의료결정에 관한 법률'이다. 이 법률은 생명을 신성시하고 죽음을 부정하는 우리 사회의 민낯을 그대로 비춰주는 거울이다. 우리 사회가 얼마나 죽음에 무관심한지, '생명의 신성함'이라는 종교적 믿음과 금기가 얼마나 강력한 힘을 발휘하는지 여실히 보여준다.

연명의료결정 법안은 임종기 환자만을 대상으로 할 뿐만 아니라 호스피스와 고통 완화 의료의 현실적인 한계를 인정하지 않으면서 임종기 환자에게조차 일반 연명 의료를 중단할 수 없게 했다. 노년 말기 환자, 루게릭 환자, 전신마비 환자의 경우, 편안한 죽음의 경험적 대안인, 영양과 수분 공급을 중단하고 소량의 진정제를 사용하는 '말기 진정'이 불가능해진 것이다.* 결국 우리는 호스피스와 고통 완화 의료가 제대로 정착되지도 않은 상황에서 형법이 애초에 허용하지 않는 의사 조력 자살과 적극적 안락사는 물론이요, (진정한 의미에서) 소극적 안락사까지 허용되지 않는 사회에서 죽음을 맞아야 한다. 장켈레비치가 세 번째 대담(「삶의 욕망과 죽음의 권리 사이에서」) 마지막에서 언급하는 의학, 의

• 이 법안에서는 특수 연명 의료만 연명 의료로 규정하고 일반 연명 의료는 연명 의료가 아닌 것으로 규정하여 영양과 수분 공급, 단순 산소 공급, 진통과 같은 일반 연명 의료를 중단할 수 없도록 했다.

사, 질병, 환자의 구체적이고 역사적 상황에 부합하는 죽음
의 선택과 결정은 이 땅에서 갈 길이 멀기만 하다. 장켈레비
치조차 깊이 다루지 않았던 '환자의 자기결정권'은 더 말할
필요도 없다. 죽기 전 병원에 갇혀 끔찍한 고통에 시달리며
속절없는 나날을 보내지 않길, 그 불행이 내 운명이 아니길
간절히 기도하는 것 외에 달리 할 것이 없다고 해도 과장은
아니다. 우리에게 존엄한 죽음은 요원하다.

　우리 인생의 마지막을 잘 보내는 데 큰 도움이 되지 않
는 법안을 만들어낸 데는 우리가 죽지 않을 듯이 살아가면
서 자신의 죽음을 외면하고 회피해온 탓도 있을 것이다. '삶
의 희망', '의학적 희망'을 놓지 않더라도 더는 의사가, 의술
이, 의학이 환자를 살려낼 수 없는 한계 상황이 있고, 생명체
인 우리에게 죽음은 결코 뛰어넘을 수 없는 한계라는 것을
우리는 종종 잊는다. 삶이 죽음을 포함하는 이상, 아무리 잘
살려고 평생을 애써왔다 해도 좋은 죽음을 맞지 못하는 삶
이라면 결코 좋은 삶이 될 수 없다. 장켈레비치의 '죽음 사색'
을 따라가면서, 우리가 무얼 놓치고 있는지 눈뜰 기회를 얻
는다면, 참으로 다행한 일이겠다.

　'죽음'과 관련된 이 네 편의 대담이 장켈레비치의 죽음
철학에 대한 관심을 불러일으키고, '죽음'에 대한 사색으로
이끌 수 있다면 제 몫은 다한 것이리라. 개인적으로 좀 더 욕

심이 있다면, 이 작은 책이 지행합일의 철학자 장켈레비치의 삶, 그리고 '죽음, 사랑, 용서, 자유, 행동' 등 장켈레비치가 풀어놓는 흥미로운 철학적 담론을 접할 수 있도록 그의 철학 서적들과 그에 관한 책들이 번역되는 계기가 되면 좋겠다.

— 2016년 10월, 고마리 생각터에서
　　이경신

죽음을 기억하기

이 책은 프랑스 철학자 블라디미르 장켈레비치의 '죽음'을 주제로 한 대담집 『Penser la mort?』를 옮긴 것이다. 이 의문형 원제는 '죽음을 생각하는 것이 가능한 일인가?' 또는 '생각할 수 없는 것을 생각하는 것penser l'impensable이 가능한가?'라는 물음으로 바꾸어볼 수도 있을 것이다. 그 누구에게나 죽음은 처음이자 마지막으로 맞는 중대한 사건이다. 그런데 죽음이 일어나는 그 순간, 경험의 주체는 더 이상 존재하지 않으므로 죽음은 경험할 수 없는 것이 된다. 나는 죽는다. 그러나 누구도 '나의 죽음'을 경험할 수 없고, 어떤 앎도 전할 수 없다. 그럼에도 죽음을 생각하는 것, 죽음에 대해 철학한다는 것이 가능한 일일까?

나의 죽음은 경험할 수도, 알 수도 없는 상황에서 죽음에 대한 생각은 다른 사람의 죽음을 통해서만 이루어질 수 있을 것이다. 장켈레비치는 죽음을 세 종류로 구분한다. 나의 죽음(1인칭 죽음), 가까운 사람의 죽음(2인칭 죽음), 그리고 타인의 죽음(3인칭 죽음)이 그것이다. 모든 인간은 죽을 수밖에 없다는 필연은 누구나 인정하면서도, 자기 자신의 죽음을, 그 필연성을 인식하는 경우는 드물다. 죽음이 언제 일어날지 모른다는 점 때문에 자신의 죽음은 예외적인 것처럼, 끊임없이 연기 가능한 것처럼 스스로를 기만하기 때문이다. 나의 죽음과 타인의 죽음은 전혀 대등하지 않다. 장켈레비치는 이렇게 말한다. "나에게 나의 죽음은 모든 것의 끝이고 내 개인적인 실존의 전적이고 최종적인 끝이며, 전 우주의 끝, 세계의 끝, 역사의 끝이다. (⋯⋯) 그러나 타인의 죽음은 나에게는 무엇보다도 평범한 사건이다. 마찬가지로 나의 죽음은 타인의 세계에서는 그렇게 큰 파국이 아니다. 그것은 미미하고 사소한 일이고 대단치 않은 소멸에 불과하며 일반적인 질서를 전혀 혼란시키지 않고 정상적인 사태의 추이를 조금도 중단시키지 않으며 세계의 충만함 속에 생긴 빈자리는 바로 채워진다."[•] 타인의 죽음은 익명적 죽음으로서, 나에게는 거의 의미가 없다. 그런데 다른 사람의 죽음 중에서도 가족이나 친구의 죽음은 마치 나의 죽음처럼 충격적인 사건으로 다가온다. 가까운 사람의 죽음은 잊고 싶었던 나의 죽음을, 막연히 먼 미래의 일로 미뤄둔 나의 죽음을 어쩔 수 없이 떠올리게 하고 죽음을 생각하게 한다.

　죽음에 대한 불안을 잠재우기 위해 어떤 사람들은 종교에 의지해 사후의 삶인 내세를 믿고자 한다. 또 어떤 사람들

• 블라디미르 장켈레비치, 『죽음』, 파리: 플라마리옹, 1977, 24쪽.

199

은 고행을 통해 미리 죽음에 대비하기도 한다. 그런데 장켈레비치가 보기에 이들은 죽음과 삶을 분리하고, 죽음의 불안을 애써 외면하며, 죽음이라는 문제의 심각성을 회피하고 있다. 장켈레비치는 무無로 귀결되는 죽음이야말로 유한한 삶에 의미를 부여하는 인간 조건이며, 죽음의 문제와 삶의 문제는 분리될 수 없다고 말한다. 따라서 죽음을 잊지 않는다는 것은 무엇보다도 삶을 잊지 않는 것, 현재의 삶을 충실하게 사는 것을 의미한다.

죽음을 잊지 않는다는 것은 나의 개인적인 죽음을 잊지 않는다는 것만은 아니다. 죽음에 대한 생각은 역사 속에서 무고하게 희생된 이들의 죽음을 기억하는 일을 우리의 책무로 부과한다. 그 자신 유대인으로서 제2차 세계대전의 참상을 겪어냈던 장켈레비치는 죽기 직전까지 홀로코스트와 레지스탕스 희생자들의 죽음을 알리고자 노력했다.

— 2016년 10월
변진경

저서 목록

철학

『앙리 베르그송』Henri Bergson (1931)

『셸링의 후기 철학에서의 의식의 오디세이』L'odyssée de la
conscience dans la dernière philosophie de Schelling (1933)

『양심의 가책의 가치와 의미』Valeur et signification de la
mauvaise conscience (1933)

『아이러니』L'ironie (1936)

『양자택일』L'alternative (1938)

『거짓말에 대하여』Du mensonge (1942)

『악』Le mal (1947)

『덕에 대하여』Le traité des vertus (1949)

증보개정판『덕에 대하여 1권: 의도의 진지함』Le traité des
vertus t.1: Le sérieux de l'intention (1968)

『덕에 대하여 2권: 덕과 사랑』Le traité des vertus t.2: Les vertus et
l'amour (1970)

『덕에 대하여 3권: 순진무구함과 악의』Le traité des vertus t.3:
L'innocence et la méchanceté (1972)

『제1철학: '거의'의 철학 입문』Philosophie première. Introduction

à une philosophie du presque (1954)

『엄격함과 도덕적 삶』L'austérité et la vie morale (1956)

『말할 수 없는 것과 거의 아무것도 아닌 것』Le Je-ne-sais-quoi et le presque-rien (1957)

증보개정판『말할 수 없는 것과 거의 아무것도 아닌 것 1권: 방법과 기회』Le Je-ne-sais-quoi et le presque-rien t.1: La manière et l'occasion (1980)

『말할 수 없는 것과 거의 아무것도 아닌 것 2권: 몰이해, 오해』Le Je-ne-sais-quoi et le presque-rien t.2: La méconnaissance. Le malentendu (1980)

『말할 수 없는 것과 거의 아무것도 아닌 것 3권: 의지의 의욕』Le Je-ne-sais-quoi et le presque-rien t.3: La volonté de vouloir (1980)

『순수한 것과 불순한 것』Le pur et l'impur (1960)

『모험, 권태, 진지함』L'aventure, l'ennui et le sérieux (1963)

『죽음』La mort (1966)

『양심의 가책』La mauvaise conscience (1966)

『용서』Le pardon (1967)

『용서하다』Pardonner (1971)

『되돌릴 수 없는 것과 향수』L'irréversible et la nostalgie (1974)

『미완성 속의 어딘가』Quelque part dans l'inachevé (1978)

『도덕의 역설』Le paradoxe de la morale (1981)

『최초와 최후의 페이지』Premières et dernières pages (1989)

『죽음에 대하여』Penser la mort? (1994)

『저항의 정신: 미출간 글들, 1943-1983』L'esprit de résistance:
　　　Textes inédits, 1943-1983 (2015)

『출전: 모음집』Sources: Recueil (2015)

음악

『가브리엘 포레와 선율』Gabriel Fauré et ses mélodies (1938)

증보개정판『포레와 표현할 수 없는 것』Fauré et l'inexprimable
　　　(1974)

『모리스 라벨』Ravel (1939)

『야상곡』Le nocturne (1942)

증보개정판『야상곡: 포레, 쇼팽과 밤, 사티와 아침』Le
　　　nocturne. Fauré, Chopin et la nuit, Satie et le matin (1957)

『드뷔시와 신비』Debussy et le mystère (1949)

증보개정판『드뷔시 음악의 삶과 죽음』La vie et la mort dans la
　　　musique de Debussy (1968),『드뷔시와 순간의 신비』Debussy
　　　et le mystère de l'instant (1976)

『랩소디, 영감 그리고 즉흥곡』La rhapsodie, verve et
　　　improvisation musicales (1955)

『음악과 말할 수 없는 것』La musique et l'ineffable (1961)

『리스트와 랩소디: 뛰어남에 대한 에세이』Liszt et la rhapsodie:

essai sur la virtuosité (1979)

『머나먼 현전: 알베니스, 세베락, 몸포우』La présence lointaine.
Albeniz, Séverac, Mompou (1983)

『음악과 시간』La musique et les heures (1988)

찾아보기

'철학학교' 강의실을 꽉 메운 청중들에게
장켈레비치가 베르그송적인 메시지의 전대미문의
새로움에 관해 말할 때, 그 말할 수 없는 것을 말로
표현할 때, 고상하고도 감동적으로 이야기하는 그의
모습은 아무도 흉내낼 수 없는 것이었다.

에마뉘엘 레비나스 프랑스 철학자, 『시간과 타자』『존재에서 존재자로』

장켈레비치의 『죽음』은 반드시 기억해야 할 책이다.
그 사유의 심오함은 타의 추종을 불허한다. 이
아름다운 책이 어째서 아직 독일어로 번역되지
않았는지 의아하기만 하다.
『죽음』은 내가 『늙어감에 대하여』와 『자유죽음』을
쓰는 데 지대한 영향을 끼쳤다.

장 아메리 작가, 『늙어감에 대하여』『자유죽음』『죄와 속죄의 저편』

장켈레비치는 대담하고 다재다능한 사상가이자,
빼어난 작가이며 음악평론가이다. 나치즘이
대두하자 그는 독일어로 쓰인 그 무엇도 읽지
않았고, 독일 음악도 듣지 않았다. 이러한 희생에도
불구하고 40여 권의 매혹적인 책을 썼다.

스탠리 카벨 미국 철학자, 『눈에 비치는 세계─영화의 존재론에 대한 성찰』
『The Senses of Walden』

장켈레비치에게 죽음을 생각한다는 것은 곧
이름붙일 수 없는 것을 명명하고자 하는 일이다.
"우리의 언어를 경악으로 얼어붙게" 하는 그것을
기어코 말해내는 그는 시인의 능력을 지니고 있다.

『리베라시옹』

블라디미르 장켈레비치는 20세기 프랑스 철학계를
통틀어 가장 독창적인 목소리를 냈던 철학자이다.
그가 몇 세대 동안 프랑스 철학자, 작가, 학생들에게
특별한 영향력을 행사해왔음에도, 안타깝게도 그의
이름은 영어권에서 널리 알려지지 않았다.
그의 철학 저작은 철학계에서 '기후 변화'가
일어난다고 해도 계속 살아남을 것이다.

『크리티컬 인콰이어리』

현대 철학의 가장 뛰어난 '달변가' 중 한 사람이
유려하게 펼쳐 보이는 인간의 지혜와 유한성의 대결.

『르 피가로』

지혜의 스승이 생생하고 열정적이며 소탈한
목소리로 지성의 즐거움을 부단히 일깨워준다.

『르몽드』